第二次世界大战

The History of WORLD WAR Ⅱ

从不列颠之战到克里特岛战役

[英] 艾迪·鲍尔　中校（Lieutenant – Colonel Eddy Bauer）　著

何卫宁　译

中国市场出版社
China Market Press

图书在版编目（CIP）数据

第二次世界大战：从不列颠之战到克里特岛战役 /(英) 鲍尔中校 (Bauer,L.C.E.) 著；何卫宁译. --北京：中国市场出版社, 2014.7

书名原文: The history of World War II

ISBN 978-7-5092-1255-4

Ⅰ.①第… Ⅱ.①鲍… ②何… Ⅲ.①第二次世界大战战役－史料 Ⅳ.①E195.2

中国版本图书馆CIP数据核字（2014）第101140号

Published by China Market Press.

著作权合同登记号：图字 01-2013-5871

出版发行	中国市场出版社		
社　　址	北京月坛北小街2号院3号楼	**邮政编码**	100837
电　　话	编辑部（010）68034190	读者服务部（010）68022950	
	发行部（010）68021338	68020340	68053489
	68024335	68033577	68033539
	总编室（010）68020336		
	盗版举报（010）68020336		
邮　　箱	1252625925@qq.com		
经　　销	新华书店		
印　　刷	北京佳明伟业印务有限公司		
规　　格	170毫米×230毫米　16开本	**版　　次**	2014年7月第1版
印　　张	12	**印　　次**	2014年7月第1次印刷
字　　数	280千字	**定　　价**	49.80元

目录
CONTENTS

第一章
大不列颠之战

与西班牙菲利普王的时代、法国路易十四的时代和拿破仑时代类似，第二次世界大战时的英国只能依靠控制英吉利海峡和北海去阻止外部入侵。

希特勒想在1940年进攻英国，他的处境比拿破仑在1805年的时候要差。德国舰队在攻占挪威的战役中损失惨重，只剩下1艘袖珍战列舰、4艘巡洋舰、十几艘驱逐舰。另一方面，虽然以斯卡帕湾为基地的英国的本土舰队有巨大海上优势，但被德国空军的数量优势抵消。此外，德国潜艇和鱼雷艇也是威胁。这三重威胁使得英国本土舰队在英吉利海峡的狭窄海域行动的时候变得非常危险。英国海军部由于有了敦刻尔克的经验，不愿去比沃什湾（Wash）

↓漫画家大卫·劳对英国在1940年的反抗精神做了好总结："孤身奋战，很好！"

更南面的海域冒险。

于是就形成了这样一种局面，英吉利海峡和从南面进入北海的水道变成海军的无人区。在这些海域的上空，德国空军的胜败决定德国是否会冒险入侵英国。

英国在敦刻尔克之后的劣势

如果打败皇家空军，德军便能在肯特郡、苏塞克斯郡、怀特岛、多塞特郡登陆吗？这是德国陆军总部在1940年7月27日制订的作战大纲中的设想。当法国于6月22日在勒通德签署停战协议的时候，英国只有26个师的兵力，其中12个师还是新近成立的，军训没有完成，装备也不完整。参加法国战役的有13或14个师，他们丧失了大部分火炮和反坦克武器，原有600辆坦克，只运回了25辆。在英国南部的海岸线也没有足够的兵力。在布赖顿，蒙哥马利的第3师要看管30英里长的海岸线；在苏塞克斯的西部和威尔士之间，艾伦·布鲁克（Alan Brooke）爵士手下有一个军团的兵力，但仅包含3个师，其中2个是地方部队。

6月26日，布鲁克沮丧地写道：“我的最大感觉是这支军队需要很长时间才能进入作战状态……自开战以来，国内的情况我看得愈多，就愈发疑惑这个国家的状况。开战都10个月了，仍然缺少受过训练的士兵和武器装备，缺乏程度令人惊骇……有大量穿军装的人，但他们大部分人没有受过训练：为什么开战10个月还如此，我无法理解。最可怕的是德国人在几周后就要发动进攻了。”

这绝非夸张。7月19日，艾恩赛德（Ironside）将军，英国本土部队的总司令，被解除了职务。虽然他被晋升

英国处境艰难

6月17日，丘吉尔下令组建H舰队，司令官是詹姆斯·萨默维尔（James Somerville）海军上将，基地在直布罗陀，舰队的核心力量是“胡德”号战列巡洋舰和“皇家方舟”号航空母舰。7月3日7时整，H舰队的一位军官向驻扎在凯比尔港（Mers el Kebir）的法国舰队的司令官让苏尔（Gensoul）海军上将提交了最后通牒。7月13日16时56分，H舰队向港口内停泊的4艘法国战机开火了。只有“斯特拉斯堡”号（Strasbourg）逃脱，损失了1297名法国人。在亚历山大港，英国海军上将坎宁安（Cunningham）与法国海军上将戈德弗鲁瓦（Godfroy）没有执行作战命令，却达成协议，让驻扎在该港口内的法国X舰队放下武器。

为陆军元帅，并给予了一个上议院席位，但人们仍是视之为受贬，因为他才做了2个月的皇家总参谋长一职就被约翰·迪尔将军（John Dill）取代了。那么艾恩赛德是唯一该受谴责的人吗？根据艾登（Eden）的回忆录，迪尔“非常怨恨地”批评当时的陆军大臣霍尔－比利沙（Hore－Belisha）。迪尔说：“他伤害了军队，需要好几年才能恢复过来。指挥官应该不做亏心事。”

布鲁克接管了艾恩赛德的职位，并把自己英国南方战区的指挥权交给了奥金莱克（Auchinleck）将军，奥金莱克曾经在纳尔维克战役中有很好的表现。作为英国本土部

→乔治六世视察地方防御志愿者的培训课程。6月26日，丘吉尔写道：“我认为‘地方志愿军’比较好。如果觉得这个名字太具强制性，可以考虑不带臂章。”丘吉尔如愿以偿。

的司令官，有大量紧急工作要做，布鲁克全力投入其中。他坐着飞机到处视察，取消许多地区先前规定的严格防御性措施，这可以释放出机动兵力供反击之用。然而，这仍显不足：在那些有可能发动反击的地区，他命令拆毁村庄道路上的水泥路障，这些路障在自从5月份就修建好了。

布鲁克的责任是巨大的，但可支配的资源明显不足。在给妻子写的日记中，他经常发泄对未来的焦虑。他在9月15日写道：

↑埃里希·雷德尔海军大元帅负责入侵英国的海军行动，他毫不犹豫地把行动是否能成功的责任转移到戈林的身上。

“德军仍然没有采取行动。一切都处于紧张状态，防备德军提早进攻。空战依然持续，毫无减弱的迹象。未来的一周肯定很关键，几乎看不到希特勒折回停止入侵的迹象。等待令人厌恶，特别是如果你熟悉自己的防御弱点在哪里。我们暴露在外的海岸线长度是法国马其诺防线长度的2倍，而守卫马其诺防线的法军足有80个师。可是，我们在此却只有22个师，而且只有一半有能力进行机动作战。要感谢上帝，敦刻尔克之后那种失败主义情绪已经不流行了。但是，我希望能再有6个月的时间去装备和训练我手下的部队。在如此的条件下肩负守卫这个国家的责任是巨大的，就好像有一块巨大的砖头压在我的肩上。我感到很难表现出很有希望和很有信心的样子，可是这又是必须的，

因为我需要引导我手下的人放弃疑虑，对最后的胜利保持信心。”

布鲁克很担忧英伦诸岛的防御体系。如果德军此时发动进攻，英国海陆空三军由于没有跨军种的最高协调机构而无法形成合力。英国海军大臣手下有6位“总司令官”，而英国空军总参谋长手下则有3位。布鲁克没有权力向这些司令官发号施令。

“这样的指挥体系”，布鲁克在战后写道，“具有很大的危险。如果敌人来登陆，恐怕作为防务大臣的丘吉尔必须亲自协调各位司令官。这是个错误，有极高的风险，因为丘吉尔容易冲动，倾向依靠直觉做决策，不进行逻辑分析。”

英军在敦刻尔克损失大量军备，必须尽快补充，这项任务的紧迫性并不比其他任务低。必须继续训练部队，使他们在作战中能发挥作用。必须给地方志愿军提供武器，这支军队在1940年8月的时候有100万志愿者。为此，军事博物馆中的武器都被拿出来使用；特鲁里街皇家歌剧院提供了十几支生了锈的步枪；猎枪和子弹被征收；甚至纳尔逊时代的短剑也分发给志愿者。

提高产量

与此同时，军火工厂昼夜不停地加速生产。在6月8日的时候，英国只有72辆坦克；到了8月份，这个数字上升到200辆；到了9月份，又达到了438辆。坦克的生产率有望提高到每周能生产出12~15辆步兵坦克，外加每周9辆重型巡航坦克。然而，虽然这些坦克都是新的，但其实早就是过

←英国有一句口号："把铁锅变成喷火式战斗机"，这句口号很能提高全民士气。于是出现了一个大规模的收集厨房用具的运动——但是回收到的材料对第二次世界大战的需求来说简直就是沧海一粟。

时的产品，不久之后隆美尔就在利比亚证明了这点。

英国接管了一些法国与美国签署的军事合同，这些合同在法国停战协议签署的时候还未完成。然而，另一件事

最为紧要，罗斯福总统同意向英国提供500000支步枪，900门75毫米火炮，每门炮配备1000发炮弹。当时流行“一手交钱一手交货”的贸易模式，英国商船队负责把这批珍贵的货物运回英国，德国潜艇没有给这批货物造成损失。由于那900门火炮都是第一次世界大战剩下来的，一些英国将军嗤之以鼻，丘吉尔批评了这些将军。然而，英国极度缺乏大炮：截止到6月8日，英国只有420门野战炮、160门重炮，每门炮有150~200发炮弹。在法国战役的第二个阶段，75毫米火炮证明是一种很好的反坦克武器。英国本土部队在6月8日时只有54门40毫米炮可用于反坦克之用。

到了9月17日，布鲁克在英国和北爱尔兰的总兵力如下：29个师和8个独立旅（其中6个有武器）。在这些部队中，有2个加拿大师——加拿大第1师和加拿大第2师，在远征法国的战役中，只有第1师有损失（1人战死，5人失踪）。这是一支非常小的军队，如今要面临入侵的威胁，敌我兵力对比是4：1——最严重的情况是这支军队的部署很不理想。

雷德尔准备横渡海峡……

在1939年至1940年的冬季里，雷德尔元帅为了防止当希特勒突然提出要求时自己措手不及，于是他让手下的参谋官进行一项研究，如果他接到命令运送德军横渡英吉利海峡，他将会遇到多少必须要解决的问题。

1940年5月21日，当德军从阿布维尔向布伦、加莱推进的时候，雷德尔把研究结果告诉了希特勒。但是，希特勒由于忙于其他事务而没有理睬。到了6月20日，雷德尔仍然

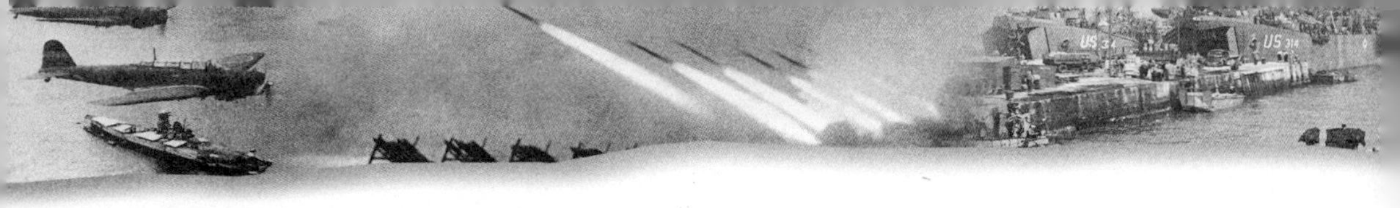

←空战打得很胶着：英国机枪集中射击一架亨克尔－111轰炸机（左）和一架梅塞施密特－110战斗机。德国飞行员不仅对英国飞机的机动性格感到吃惊，也对英国飞机上8挺机枪的火力感到持久。英国飞机每一侧翅膀上就有4挺机枪。由于英国机枪覆盖的范围比较广，弥补了相对德国炮火的劣势。此外，由于机枪覆盖范围大，对射击准确性的要求也降低了。

←命中一架亨克尔－111轰炸机（左），它被浓烟和烈火包围住。右图是一架容克－88爆炸时的碎片，其右舷发动机起火了。

没有收到希特勒就此事的回复——雷德尔提交了报告，请求希特勒给予指示，他从元首那里得到的只是一些非常含糊的建议，比如把犹太人运送到马达加斯去。

……希特勒浪费了机会

希特勒在5月21日怠慢雷德尔并不令人吃惊，因为希特勒正忙于眼前的战事。他害怕德军将领们的莽撞会给法国人一次翻身的机会，就像1914年的“马恩河奇迹”那样。后来，法国媾和代表团到达了勒通德，希特勒仍然怠慢雷德尔，这是因为希特勒不知道征服法国之后应该采取什么样的策略最好。6月18日，齐亚诺（Ciano）在慕尼黑见到了希特勒，他觉得希特勒仅是想扮演查理曼大帝的角色，“这个赌徒已经赚一大笔钱，他从赌桌前站起来，不想再冒险了，因为他看不到推翻庞大的大英帝国有任何实际利益。丘吉尔能明白吗？丘吉尔会垮台吗？”希特勒和齐亚诺都认为入侵英格兰没有必要。

从6月25日至7月5日，希特勒与几位顾问乘坐“坦南堡”号特别列车停靠在克尼比斯（Kniebis），这个地方离德国黑森林中的弗罗伊登施塔特（Freudenstadt）不远，他们等着局势变得清晰起来。争取在7月2日登陆英格兰肯定是德军的目标——这只是个假想目标，德军一共制定了几个类似的假想目标，但没有任何实际的准备工作。

7月16日，希特勒在柏林签署了著名的第16号“海狮”命令。但是，这份命令的导言说明，希特勒在签署这份命令的时候并非认为入侵英格兰不可避免。希特勒说：“英格兰显然在军事上处于绝望境地。尽管如此，英格兰仍然不想和谈。我决定启动登陆英格兰的准备工作。如果有必要，就展开登陆作战。

“这次行动就是要消除英国未来成为对德战争基地的可能性，如果必要，就彻底占领英国。”

这当然不是希特勒最后的命令。然而，法国雷诺政府垮台并请求停火已经有一个月的时间了，而英国航空工业在比弗布鲁克爵士的强力推动下并没有浪费这段时间。为了做入侵英国的准备，德国还需要2个月的时间，就是说德国只有等到9月16日才能发动入侵行动——到那个时候，英吉利海峡早秋的狂暴气候将使轻型登陆艇无法横渡。

7月19日，希特勒在德国议会发表讲演，他用和平做外交向丘吉尔英国提出最后通牒。希特勒奉劝丘吉尔要有良心，应该让英国人民有理智，他本人就看不到继续搏斗是理智的。希特勒说他不会对未来的流血事件负

↑德国空军对抗英国空军。

1.“飓风”战斗机在巡航，编队是“四根手指”形式。原先英国空军采用“三机V”型，但很快就放弃了，改换成这种比较灵活的编队形式。每架长机都有一架僚机提供保护。

2.空中看德国道尼尔轰炸机编队。

↑3.亨克尔－111轰炸机飞行编队。

↑4.英国观察员报告德国轰炸机的最新情况。

↑5.一小队德国梅塞施密特－109战斗机低空飞越英吉利海峡圣马格丽特湾。

责。伦敦没有回应希特勒的无耻言论；希特勒被迫实施“海狮”计划。

7月27日，新近才被晋升为陆军元帅的勃劳希奇，连同其他12位陆军和空军将领，向德军最高统帅部提交了一份初步入侵英国的计划，总兵力达到41个师，其中6个装甲师、3个机械化师，外加德国空军的第7伞兵师和第22空降师。具体计划如下：

登陆那天（定在8月25日之后某日）伦德施泰特的A集团军群派遣2个集团军横渡海峡：

右翼：第16集团军（布施），在奥斯坦德（Ostend）和索姆省集结，登陆地区在拉姆斯盖特（Ramsgate）与黑斯廷斯（Hastings）之间。

左翼：第9集团军（施特劳斯），在索姆省和奥恩省（Orne）集结，登陆地区在布赖顿（Brighton）与小汉普顿（Little－Hampton）之间，并派遣一支分遣队去攻占怀特岛。

伦德施泰特集团军群的首要目标是格雷夫森德（Gravesend）、赖盖特（Reigate）、朴次茅斯（Portsmouth）一线。

稍后，包克的B集团军群在根据实际情况做出适当调整之后，派遣赖歇瑙的第6集团军从瑟堡（Cherbourg）出发去攻占多塞特郡的海岸线，争取在韦茅斯（Weymouth）与莱姆里杰斯（Lyme Regis）之间登陆，然后向布里斯托尔（Bristol）发动进攻，并派出一支特遣队越过德文郡（Devon）。

与此同时，第9集团军将突破英军在北唐斯（North Downs）的防线，在雷丁（Reading）渡过泰晤士河，从西面包围伦敦。伦德施泰特和包克的第二个目标是抵达从北海的莫尔登（Maldon）至塞汶河（Severn）上的格洛斯特（Glouceste）一线。

雷德尔是登陆部队和后勤保障的总负责人，他批评这个野心勃勃的计划太不实际。即使把德国所有内陆航行的船舶和钓鱼船都调来，他也无法保证能运送参加第一波登陆的13个师。这样做还导致德国军工生产和国民粮食供应受影响。即使大规模减少登陆部队的数量也不行。

德国海军也谴责勃劳希奇提出的登陆计划，指责这个缺少足够的保障，建议该在加莱地区横渡英吉利海峡。然而，勃劳希奇和哈尔德则拒绝考虑由雷德尔和他的总参谋长施尼温德（Schniewind）海军上将提出的在拉姆斯盖特与福克斯顿地区登陆的建议。

结果是个折中。第6集团军从瑟堡出发的计划被彻底放弃了。陆军总部同意把兵力集中在右翼，登陆地区在拉姆斯盖特与福克斯顿之间。但是，第9集团军的计划没有改变，伦德施泰特仍然有足够宽的前线有待突破。登陆兵力减少到27个师，第一波有9个师，其中每个师在登陆行动中只派出6700人。登陆行动日期定在9月21日。在诺福克（Norfolk）海滩将展开一次伪装登陆，目的是把英国的后备部队调离真正的登陆海滩。

由于德国战列舰队无法到场提供支援，德国空军的支援也不能覆盖整个战场，于是决定让登陆部队利用坦克的炮火做掩护。为此，大约128辆Pzkw－III 和 Pzkw－IV型坦克被改装，使它们能在近海的海床登陆，这时海水有25~30英尺深，这样的水深将产生0.8个额外大气压，所以这些坦

←一位德国机械师正在为He－111型轰炸机起飞作准备，发动机周围的热空气已经开始产生推力。在第二次世界大战初期，亨克尔轰炸机是德国空军的主战机型。

↑为了从崎岖不平的机场起飞或以非常重的起飞重量实施作战，He－111飞机经常装备一次性火箭助推器。

↑亨克尔He－111飞机曾在第二次世界大战中的每个前线，从北极到沙漠的广阔战场出现。它首次在西班牙内战时参战，当第三帝国即将毁灭时，它仍在发挥作用。

↓这个巨大的框架是为了让拦阻气球转向，但是它太笨重了，而且降低了整个飞机的速度。

克需要进行认真的防水处理：炮台用可充气的管子进行密封；坦克机组人员和发动机通过一根很长的通气管获得空气，通气管在海面有相应的支撑设备，废气问题用一种特殊的阀门解决。登陆船把坦克运送到离英国海滩不远的海面，放下有铰链的坡道供坦克下船，登陆船的底部用水泥加固，以便能承受坦克的重量。

莱茵哈特（Reinhardt）的第41装甲军团对潜水坦克进行了试验，试验地点在北海的叙尔特岛（island of Sylt），试验结果表明这种坦克能很好地完成任务。最后，远程炮火支援由海岸炮台提供，能打到拉姆斯盖特和邓杰内斯（Dungeness）：这些炮台位于法国的桑加特（Sangatte）与布伦北面之间的地区，有4门20厘米炮、3门30.5厘米炮、4门38厘米炮、3门40.6厘米炮。这些大炮的射程在28~37英里之间。

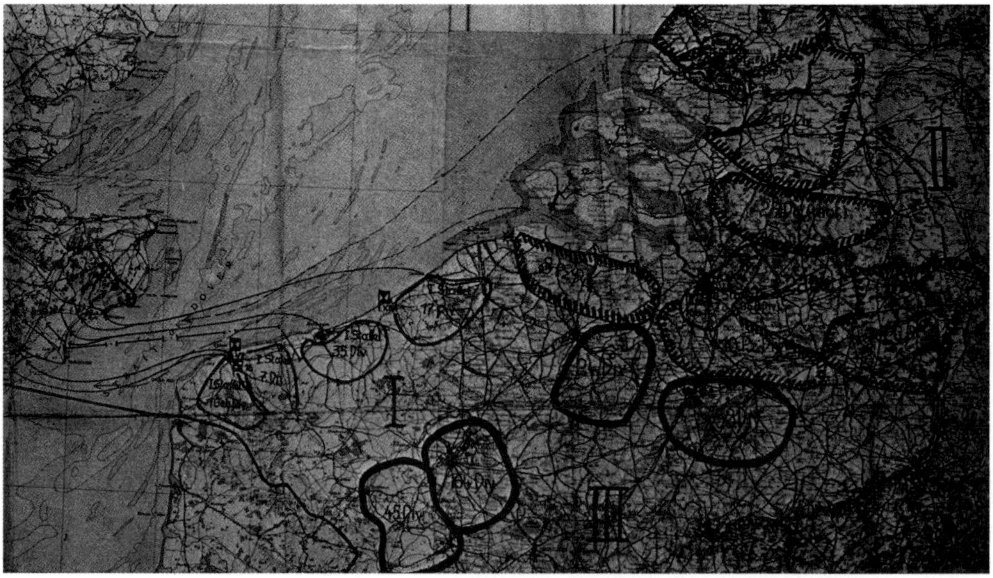

↓德国入侵英国的计划。这幅德国最高统帅部的地图图解了第16集团军的角色，即在黑斯廷斯与福克斯通之间的地区登陆。

德国空军的责任

总体看，不能让英国皇家海军和空军威胁到德国第16集团军和第9集团军将要使用的航道。防御区域向东扩展，要包括鹿特丹；向西，要包括勒阿弗尔（le Havre）。考虑到德国海军此时已经是衰弱无力，这个任务只能由德国空军来承担。德国空军在登陆那天必须派出大量斯图卡式俯冲轰炸机，替德国海军的炮火去消灭英国的海岸防御力量。然而，整个登陆行动必须先消除皇家空军的战斗力，特别是其战斗机编队的战斗力。

希特勒对此非常清楚：他在8月1日颁布第17号命令，要求加强对英国进行海上作战和空中作战。这个命令的第一段是这样的：

“德国空军要利用一切可能的手段，在最短时间里消灭英国空军。德国空军的进攻要首先放在英国战斗机编队上，之后是其地面设施，之后是供应中心，之后是航空工业，包括那些制造防空炮火的工厂。”

德国空军在完成上述任务后，要转向攻击英国的港口，粉碎那些英国赖以进行供应的港口，但不要进攻英国南部沿海的港口，这些港口在德军登陆后有用。最后，没有得到元首的命令下，不能对城市进行“恐怖轰炸”：德国空军全部实力要用于消灭英国的军事潜能。

平衡点

大不列颠之战是不是命中注定要失败？希特勒和戈林是不是没有彻底地、系统地利用自身的优势？

当1940年8月13日——“鹰日”行动——到来的时候，

←尽管He－111于1936年加入汉莎航空公司机队，但这种表面上是高速客机的大家伙，实际上却是作为轰炸机而设计的。

德国空军还没有从法国战役中恢复过来（仅法国空军就造成德国空军损失778架飞机）。为了打败英格兰，德国空军部署了3个航空队：

挪威和丹麦：第5航空队（施通普夫，Stumpff）；

比利时和荷兰：第2航空队（凯塞林，Kesselring）；

法国北部：第3航空队（施佩勒，Sperrle）。

8月13日，德国空军部署了2442架飞机去攻击英国：969轰炸机、336架Ju－87俯冲轰炸机、869架 Bf－109单引擎战斗机、268架双引擎Bf－110“毁灭者”战斗机。

与德国不同，英国则是在“假战争”之后才开始缓慢改进的。战机的生产量在1940年1月是157架；5月是325架；6月是446架；7月是496架。至此，飞机生产量不再是令人担心的问题。缺少受过训练的飞行员才是个严重问题。到了7月13日，英国空军司令官休·道丁（Hugh Dowding）爵士领导的战斗机部队只有1341名受过训练的飞行员；所以，他不得不借用海防部队的飞行员和舰队

德国空军

赫尔曼·戈林（Hermann Goring），德国空军总司令，在大不列颠战役中犯了两个致命错误。第一，他叫停了对英国雷达站的轰炸。第二，他下令让德国战斗机紧随飞行速度很慢的德国轰炸机，扮演保护性角色，但德国战斗机无望战胜英国战斗机。

胡戈·施佩勒(Hugo Sperrle)，陆军元帅，德国第3航空队司令官，这支航空队在8月13日用猛烈的空袭，正式“发动”战争，战役的代号叫“鹰日”。施佩勒和第2航空队的司令官凯塞林是德国在法国和低地国家作战的主要指挥官。

维尔纳·默尔德斯（Werner Molders）中校，是德国最伟大的王牌飞行员，第二次世界大战早期最伟大的战斗机战术家。他是第一个击落敌人超100架的人，是德国空军中第一个获得有橡树叶、剑、钻石装饰的骑士铁十字勋章——德国最高的荣誉奖励的德国飞行员。

阿道夫·加兰德（Adolf Galland）少校，像默尔德斯一样也是西班牙内战时“秃鹰军团”的老兵。在大不列颠战役之后，1941年11月，默尔德斯坠机死亡，加兰德取代默尔德斯成为德国最重要的王牌飞行员，而且还做了战斗机将军。加兰德总共击落了104架敌机。

↑在大不列颠战役中，英国的“眼睛”——国土雷达链（Chain Home），能发现法国上空的德国轰炸机编队。于是英国战斗机司令部就能提前通知飞行中队，当德国轰炸机飞到英国海岸上空的时候，指挥英国战斗机去飞向目标。

飞行员。他还在4周的时间里组建了4个波兰和捷克飞行中队。

从表面看，这意味着这是场1137架德国战斗机对620架皇家空军的“飓风”、“喷火”战斗机之争。但是，实际情况要复杂多了。梅塞施密特的Bf－110“毁灭者”双引擎战斗机是戈林的重大失误——这种战斗机的速度太慢，无法与英国战斗机对抗。另一方面，Bf－109E单引擎单座战斗机比霍克的“飓风”MK －I型战斗机要快，与超级马林的“喷火”Mks－ I和 II型相当，但“喷火”Mks－II型刚加

入皇家空军战斗机部队前线飞行中队。Bf－109的爬升速度比英国战斗机要快；但英国战斗机的机动性能比较好，并且有8挺机关枪，在雷达的指挥下能拦截敌人，经常使敌人大吃一惊。

第二个对英国有利的事实是战役是在英国本土上展开，大部分被击落的英国飞行员能获得营救。被击落的德国飞机和飞行员必然是有来无回。

皇家空军有两个重要有利因素。第一是防御雷达网络，从设德兰群岛（Shetland Islands）一直延展到康沃尔（Cornwall）的最西端。雷达使英军指挥官有足够的时间让战斗机起飞迎战敌人。例如，8月15日，皇家空军消灭了70架德国战斗机和轰炸机。那天有28架“喷火”、“飓风”战斗机被击落。但是，一半被击落飞机的飞行员最终又回到了自己的飞行中队。

有一种观点认为德国的空中攻势在9月15日星期日那天达到高潮，这种观点已经流行了近25年。那天德国空军对伦敦发动了一系列的攻击，英国防御部队声称击落了185架德国飞机。不过，根据战后英国官方公布的数字，当时只击落了56架德国飞机。实际上，英国在9月15日那天已经接近获胜，虽然皇家空军飞行员的勇敢是一个重要原因，但德国犯错是另一个具有相同重要性的原因。德国空军开局就不利：在从8月13日至17日这5天的战斗中，德国损失了255架飞机，而英国只损失了184架。戈林因此让德国第5航空队和斯图卡式俯冲轰炸机编队退出了战斗——第5航空队的位置很不好，不能对英格兰北部的目标发动有价值的袭击，而斯图卡式俯冲轰炸机的问题是损失太大。

然而，只要德国空军不断发动针对英格兰南部战斗机基地的攻击，德国就有可能获胜。许多英国飞机是在机场上被摧毁的，机场跑道上布满了炸弹坑。还有一个更严重的问题，机场旁边的飞行指挥中心，由于防御能力有限，很容易受到炸弹的袭击，损失十分严重，造成天上的飞机编队难以协调作战。

大不列颠之战在8月25日至9月6日之间是个严峻的阶段，因为战局的天平重重地偏向德国空军一方。表面看，德国损失了378架飞机，而被击落和在机场被击毁的英国飞机只有262架，这似乎意味着英国占上风。但是，损失数字实际上对德国空军有利，因为德国空军损失数字是战斗机和轰炸机损失之和。英国损失的全是战斗机，英国战斗机飞行员只有不到1000人了，他们一直在战斗，急需休息。

皇家空军战斗机部队每天都有15~20名飞行员战死或负

↓戈林（第6人）和他的参谋官面对英吉利海峡遥望20英里之外的英国海岸。随着战役的发展，有一点越来越清晰：皇家空军没有被消灭。戈林开始指责自己的飞行员不够尽力。

伤，这支部队已经奄奄一息。但是，就在这时候，整个局势发生了变化。

转折点：伦敦闪电战

8月24日深夜，一支德国轰炸机编队偶然轰炸了伦敦市内的一些非军事目标。丘吉尔立刻做出反应，下令对柏林进行报复。第二天晚上，81架双引擎轰炸机起飞后向德国首都飞去，但只有29架抵达了柏林；其余轰炸机迷路了。这是一次不大的空袭，英国损失了8人，还有28人负伤。但是，希特勒因这次空袭而失去理智。他忘记了自己曾经颁布过的不许用“恐怖轰炸”干扰德军主要目标的禁令，立刻下令给予伦敦像华沙、鹿特丹那样的待遇。9月7日，德军对伦敦的第一次闪电战爆发了，有330吨炸弹在伦敦上空落下。

第一个阶段：攻击沿海港口（7月10日至8月7日）。德国战斗机的战术被实战证明是高明的，而英国带炮塔的战斗机毫无实际用途。英国集中精力加强飞行员的实力，飞行员的实力在战前就有很大的提高。战斗损失：英国战斗机部队损失169架战斗机；德国空军损失192架（另有77架受损）。

第二个阶段：攻击雷达站和比较靠近沿海的战斗机基地（8月8日至23日）。这个阶段战斗的激烈程度在8月15日达到高峰。来自斯堪的纳维亚半岛的进攻受到阻击，损失惨重。不过，在南方，英国战斗机部队遭受严重损失，飞行员出现极度疲惫的现象。戈林救了皇家空军，因为他放弃对英国雷达站的攻击。损失情况：英国战斗机部队损失303架；德国空军损失403架（另有127架受损）。

第三个阶段：攻击飞机生产线和内陆战斗机基地（8月24日至9月6日）。作战中，德国派遣大量战斗机护航，向受吸引而来的英国战斗机发动攻击。经实战证明，德国Bf－110式战斗机和“斯图卡”式俯冲轰炸机根本不是英国“喷火”式战斗机和“飓风”式战斗机的对手。不过，英国飞行员的损失高得让人感到绝望。损失情况：英国战斗机部队损失262架；德国空军损失378架（另有115架受损）。

第四个阶段：攻击伦敦（9月7日至30日）。德国空军认识到，英国战斗机部队仍然十分强大，于是决定采取最后一击，摧毁英国空战的实力。战斗在15日达到高潮。“海狮”行动被迫推延，德国空军改变战术，进行高空战斗机和轰炸机袭击。损失情况：英国战斗机部队损失380架；德国空军损失435架（另有161架受损）。

第五个阶段：最后结局（10月1日至31日）。德国战斗机和轰炸机横扫英国，准备发动闪电战。英国战斗机部队的备用飞机和飞行员迅速增加。损失情况：英国战斗机部队损失265架；德国空军损失325架（另有163架受损）。

英国“白色悬崖”的诱惑

基思·帕克（Keith Park）少将，第11飞行大队长，皇家空军战斗机部队指挥官，负责英国东南部的防御。在帕克的英明领导下，这个大队抵御住了德国空军的猛攻。但是，大不列颠战役之后，他被转移至培训部门。

皇家空军中校罗伯特·斯坦福·塔克（Robert Stanford Tuck），第257飞行中队长,这个中队又被称为“缅甸”中队，于9月15日参战，此时正是战斗最激烈的时候。他当天就击落2架敌机，而被他击落的敌机总数达到16架。1942年，他被敌人击落，至此被他击落的敌机总数已经达到29架。

皇家空军中校道格拉斯·巴德尔(Douglas Bader)，无腿英雄，武断固执，顽强勇敢，领导3个中队作战，被称为“达克斯福德联队”。他总是让所有战斗机一起升空，引发皇家空军战斗机部队内部很大的争议。巴德尔在1941年被敌人击落，他曾经击落过23架敌机。

军士飞行员“生姜”莱西（“Ginger” Lacey），随同第501中队参战。他因为在9月13日击落了那架轰炸白金汉宫的德国飞机而获得声誉。后来，莱西赴远东作战，总共击落了28架敌机。

伦敦大轰炸持续了57个晚上——但这意味着希特勒和戈林已经放弃了8月1日作战大纲规定的主要目标。德国空军要想发动对伦敦的大空袭，必然要放松对英国战斗机部队的压力。英国战斗机部队迅速恢复实力：在9月7日至30日之间，英国夺取了空中优势，击落了380架德国飞机，自己却只损失178架。

截至10月31日，德国空军损失了1733架战

↓“飓风”战斗机在巡逻。随着战役的发展，“飓风”战斗机主要用来对付德国轰炸机，而“喷火”战斗机主要用来对付给轰炸机护航的梅塞施密特战斗机。“飓风”战斗机是皇家空军的支柱：在1940年8月8日的时候，皇家空军有29个“飓风”中队，而只有19个“喷火”中队。

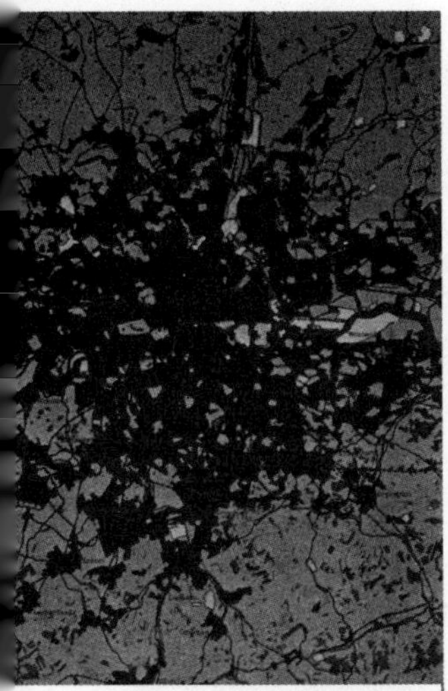

↑德国绘制的伦敦地图，主要目标用红色标出。

斗机和轰炸机，而皇家空军则损失了1379 架战斗机。但是皇家空军飞行员只有414人战死（其中44人是盟国飞行员，大部分是波兰人）。所以，当丘吉尔在英国下院宣布皇家空军取得胜利的时候，他说了一句不朽的话："在人类战争史上从来没见到过有那么多的人要感激如此少的这几个人。"丘吉尔的这番夸奖绝非夸张。这番夸奖同样出现在丘吉尔在1945年之后写的《第二次世界大战史》一书中。然而，当年激战才开始几周的时间，丘吉尔由于不满意战果，竟然剥夺了空军元帅、战斗机部队总司令道丁爵士和空军副元帅、第11飞行大队指挥官基思·帕克（Keith Park）的指挥权，降级做了副职。道丁和帕克都是杰出的指挥官，英国能取得胜利全靠他俩。当时解除他俩职务的公开理由是无线电通信错误太多，由于错误采用了分兵防御战术从而战斗打得过于保守。

入侵被推迟

在英吉利海峡的对面，"海狮"行动正在做最后的准备，但各项准备工作的进展步调不一。在岸上，第16集团军和第9集团军正在登船地点集结。在海上，德军为保证入侵英国时的航道有保障，进行了布雷行动和扫雷行动，但是，由于英国海岸警备部队的攻击，这两项行动受阻——原因之一是戈林没有能消灭皇家空军。德军为入侵英国准备大量船只—— 总共有2500艘运输船、驳船、拖船、平底船等等——这些船只都聚集在从鹿特丹至勒阿弗尔之间的港口内。于是皇家轰炸机部队加紧对这些准备用于登陆的船只进行攻击。虽说登陆船只的损失低于10%，但德军仍

需替换被损坏的船只。

↑德国亨克尔轰炸机的导航员正在寻找地标。

9月11日，希特勒表示他愿意从14日起倒计时“海狮”行动，目标是在9月24日展开登陆行动。但是，到了9月14日，他又多花费了3天的时间考虑是否下达最后的入侵英国的命令。

最后一个适合冒险横渡英吉利海峡的日子是1940年9月27日，此后英吉利海峡的浪潮将变得不利起来。从这个日子一直到10月，英吉利海峡浪高风疾，内陆船只想横渡海峡等于在冒险，很可能会沉没。9月17日，希特勒下令推延执行“海狮”行动。又过了2天，他下令解散准备用于入侵英国的船队，为的是不让英国的轰炸得逞。但是，希特勒要求，如果他需要，入侵船队必须能迅速再次集结。

希特勒的决定产生了深远的后果。10月12日，虽然德军对英格兰的闪电战产生的破坏正在扩大，凯特尔

（Keitel）从最高统帅部发出如下命令：

“元首决定明年春季再继续‘海狮’行动，此前要维持对英国的政治和军事压力……

“是否在明年春季或夏季展开登陆作战，将会有新命令下发。与此同时，有必要使军事局势向有利于最后入侵的方向发展。”

希特勒转向东方

10月12日的这份命令，反映了“海狮”行动（7月16日制定的第16号作战大纲）的不确定性。为什么希特勒要放弃入侵英国的计划？是戈林的原因吗？戈林，既不稳定又很放肆，致使德国空军遭受了失败。

希特勒很显然全面否定了在英格兰登陆的原始想法。1941年1月11日，齐亚诺来访，希特勒与齐亚诺谈起这个话题，希特勒把自己比喻为一名只有一发子弹的枪手，他想确保这发子弹肯定能得分。但是，希特勒告诉齐亚诺全部真相了吗？希特勒在三周前刚刚签署了“巴巴罗萨”第21

↓在不列颠战役期间及其之后，有数架Bf－109E飞机落入盟军的手中。这架飞机正由美国的分析员进行测试。

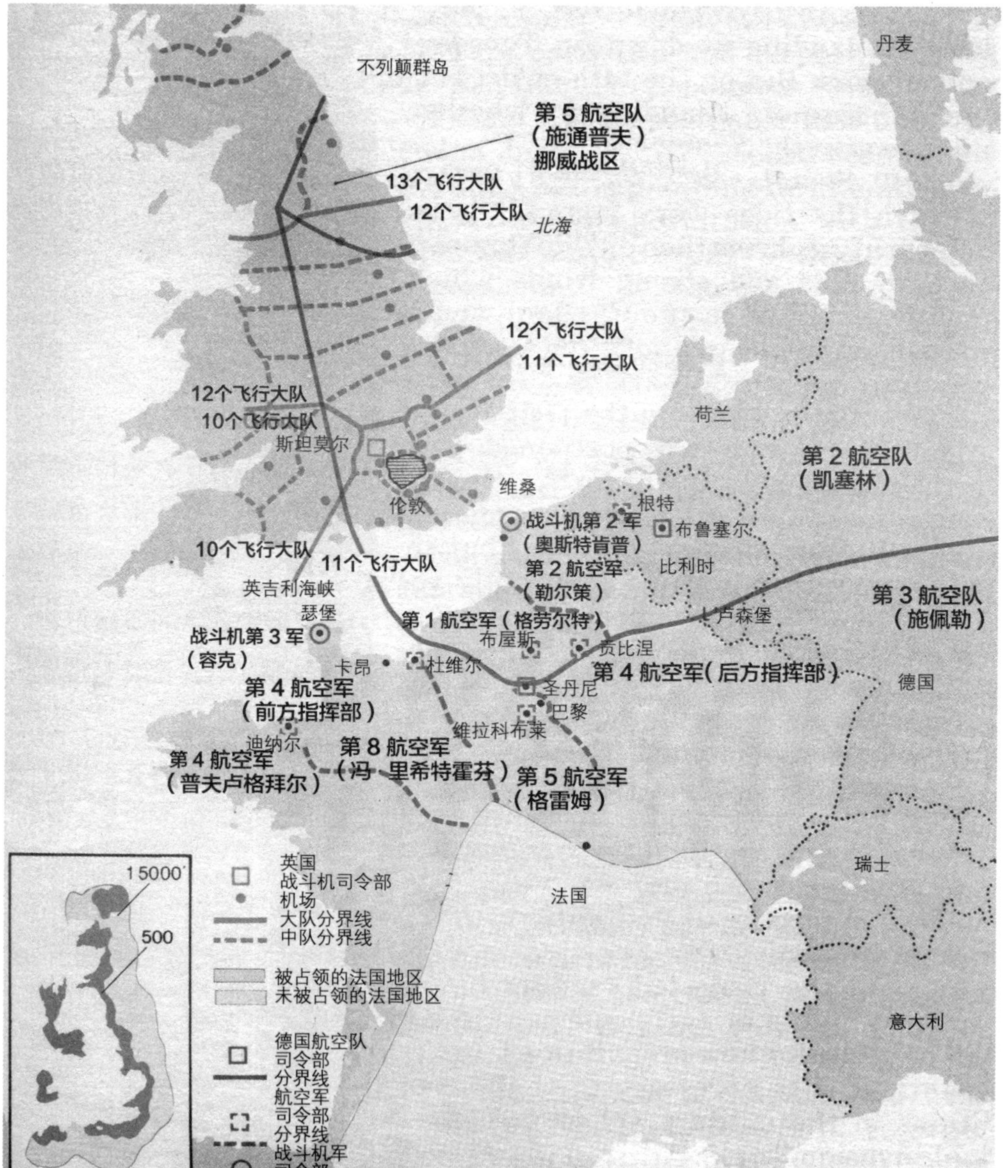

↑大不列颠战役。英国居于内陆，这使得英国战斗机比敌人拥有明显优势。

→ 德国把攻击目标从英国战斗机基地改换成大白天对伦敦进行大规模的空袭，这致使德国在大不列颠战役中失败。

号指令，这是份入侵苏联的行动计划。难道希特勒当时是想掩盖他1941年的真实企图？

为了回答这些问题，我们必须研究一下希特勒态度的改变，他在1939年监督实施“黄色方案”时的态度，与他在1940年9月推迟实施“海狮”行动所表现出的态度发生了明显改变。

从1939年10月底到1940年6月底期间，希特勒深深地介入到策划入侵法国的工作之中，他就此事与德国陆军总部进行过磋商。在这件事上，希特勒并不总是帮倒忙：没有他的监督，曼施坦因的建议肯定会受到压制，那么法国战役恐怕会有另一种结局。这件事还反映了希特勒想做“领袖”的愿望，他认为自己对战争负有责任，所以他把自己的意志强加给所有人。

希特勒在勒通德签署停战协议之后，与阻止“海狮”行动之前这段时间里，并没有像往常那样做。他很难掌控“海狮”行动，因为这次行动比以往行动都要困难许多：这是一次历史没有先例的两栖登陆战。希特勒多次隐退到克尼比斯（Kniebis）、贝希特斯加登（Berchtesgaden），却在傍晚又回柏林一趟，这样的行为举止表明他不确定采取何种政治和军事策略才能保住第三帝国的永恒霸权。

没有任何文件流传下来让我们揭开这段孤独冥想的秘密。但是，1940年7月29日，希特勒说话了。

那天下午，德军最高统帅部作战局局长约德尔（Jodl）去上萨尔斯堡（Obersalzberg）拜访了希特勒。约德尔在自己的移动指挥中心“阿特拉斯”号列车上，召见了自己的副官瓦利蒙特（Warlimont）上校以及德国海陆空三军代表：冯·洛斯伯格（von Lossberg）陆军中校、容格（Junge）海军少校、冯·福根斯坦（von Falkenstein）空军少校。在极其秘密的条件下，约

↓德国把攻击目标从英国战斗机基地改换成大白天对伦敦进行大规模的空袭，这致使德国在大不列颠战役中失败。

德尔透露了希特勒的圣旨，就好像摩西当时在西奈山一样。

元首打算次年春季武力入侵苏联。这条消息让约德尔的听众大吃一惊，约德尔赶紧解释道：

“布尔什维克是个威胁，永远是德国的负担，为了消除这种负担，武装冲突不可避免。最佳的方案是在这场战争中解决这个问题。”

这只是一条理由。希特勒到底是如何做出入侵苏联的致命决定的呢？没有文件能给予回答。6月19日，齐亚诺在慕尼黑见到了希特勒，我们从齐亚诺的日记中知道，虽然莫斯科在几天前阻止了爱沙尼亚、拉脱维亚、立陶宛的独立运动，但希特勒仍然没有提及他想入侵苏联的事。

德国和法国在勒通德签署停战协议后，莫洛托夫召见了罗马尼亚驻克里姆林宫的大使，交给大使一份最后通牒，要求罗马尼亚割让比萨拉比亚（Bessarabia）——理由是这部分土地原来属于沙皇俄国。罗马尼亚政府恳求德国帮助。但是，德国外交部给罗马尼亚政府的忠告是满足莫斯科的要求。

于是苏联和罗马尼亚签订了协议，不仅把沙皇时代的比萨拉比亚归还给苏联（这块地方自1812年就归沙皇管理，但违反民族自决的原则），而且还包括了布科维纳（Bukovina）。布科维纳，在喀尔巴阡山的北面，原来属于奥地利帝国，克里姆林宫在历史上从来没有染指过此地。

是不是苏联的这一举动引发了希特勒的决定？因为苏联在此事上显露出贪得无厌的帝国主义特征，这点瞎子都能看出来。苏联向西进入罗马尼亚，边界从德涅斯特河（Dniestr）推进到普鲁特河（Prut），这样苏联就等于向西

英国空军元帅休·道丁（Hugh Dowding）被认为是大不列颠战役的大赢家。第二次世界大战之前，他不遗余力地组建英国战斗机部队，使之成为1940年夏季最强大的武器。他顽固地拒绝把英国打剩下的最后几个战斗机中队投入法国战役，英国这才有了能保护大城市的战斗机部队，从而有能力打败了德国企图控制英国上空的图谋。

南方向前进了125英里，苏联的轰炸机能在30分钟内飞抵普洛耶什蒂（Ploiesti）的炼油厂——众所周知，希特勒一直非常看重的战争经济，特别是石油。

尽管如此，罗马尼亚外交部长格里戈列·加芬库（Grigore Gafencu）在他那本吸引人的《东线战争起源》一书中提出了一个人们至今仍然还在引用的观点，德国是因为“海狮”行动失败才改变进攻方向的。当年，拿破仑放弃直接进攻英国，转向东方，沿路到过乌尔姆、奥斯特利茨、提尔西特、莫斯科、滑铁卢。所以，希特勒像当年的拿破仑一样，谋求消灭苏联，借以弥补在多佛海峡的绝望。

希特勒可能在1940年6月就有进攻苏联的考虑，但希特勒和戈林都把注意力都集中在解决“海狮”行动的困难上。他无法做到一方面忙着送德军跨越英吉利海峡去打倒最后的敌人英国，同时还能为与斯大林进行较量去节省各种资源。

这就是希特勒在1940年夏季的不确定性。他一方面想打败伦敦，另一方面还想打败莫斯科。他希望在9月份能与

英国达成协议，从而剩余出兵力去攻击东方。他太信任戈林，因而松懈了对战局的控制。戈林想仅用夜间轰炸就能制服英国，这个想法太不实际，因为德国空军的损失是十分严重的。即使考虑有新飞机生产出来，德国空军的实力情况如下：

890架水平轰炸机，但原计划是969架；
375架俯冲轰炸机，但原计划是346架；
730架 Bf－109战斗机， 但原计划是869架；
174架Bf－110战斗机，但原计划是260架。

↑梅塞施密特Bf－109E－3战斗机

→这架坠毁的“埃米尔”飞机是不列颠战役中双方损失的数百架飞机的典型代表，引起了伊斯特本民众的极大好奇心。

机翼、尾翼和后部机身

全金属机翼是围绕着一个双梁结构建造的，这两个梁贯穿了机身前部和炸弹舱后部。在两侧的后缘内段，机翼上安装了液压作动的开缝襟翼，在其外段是装备了两段式调整片的副翼。在着陆时，襟翼会自动选择向下偏转副翼，在这个关键阶段，与单独使用襟翼相比可以提供更大的升力，并且显然不影响飞机的配平。水平安定面可以在地面上以3° 12′ 的间隔调整到3个独立的位置用于配平，而方向舵是唯一的由自动驾驶仪激活的操纵面。当自动驾驶仪接通后，通过驾驶杆上的一个开关可以选择三种不同的转弯速率。对于机组成员舱的后部、机舱尾部的隔框来说，虽然为应急救生艇、主罗盘以及尾部操纵线缆提供了舱位，但是后机身或多或少大部分都是空的。在舱壁上有一个入舱口，可以供机组成员进入后机身进行检修。

Fi 103导弹发射

由于德军传统的V－1导弹发射阵地后撤到了荷兰中部地区，英国尤其是伦敦的位置超出了导弹的射程，因此，德军把地面上的导弹发射改成了机载发射。一架He－111飞机携带Fi 103导弹夜间飞行到北海上空，在大约1500英尺（457米）的高度进行正常空中发射。该导弹挂载在机翼根部下的特制挂架上，可以从左机翼或右机翼发射，但是有一段时间曾经只挂载一枚导弹。在1944年7月7日，在空中首次对南安普敦（Southampton）发射了首枚Fi 103导弹，但是收效甚微。尽管如此，到8月底，在300枚瞄准伦敦的导弹和20枚瞄准格洛斯特郡（Gloucester）的导弹中，大约有90枚导弹被发射到了乡村。到12月中旬，导弹发射的数量已经达到了865枚，但飞机和机组人员的发射成本很高。当1945年1月14日停止导弹发射时，KG53部队已经失去了77架He－111飞机，其中有12架是在飞机起飞后，导弹就立即被引爆了，从而导致了飞机损失。

防御武器装备

He－111H－22飞机上的防御武器一般都被缩减到只有两（这里图中所示）或三挺机枪。机背炮塔中安装了一挺带1000发子弹的0.51英寸（13毫米）的MG 131机枪。在炮塔后部凸出的一个风向标，与机枪同轴线配置，以抵消当炮塔旋转时，由武器炮筒产生的气动阻力。一门带180发炮弹的20毫米的MG FF机炮被安装在机头整流罩上，而一挺0.31英寸（7.92毫米）的MG 15机枪可以固定在一个伊卡里亚通用支架上通过座舱右侧最前面的上部玻璃面板进行射击。

燃油系统

燃油装载在每侧机翼的两个油箱中，其位置在两个翼梁之间。一个154英制加仑（700升）容量的主燃油箱安装在发动机舱和机身之间，而220英制加仑（1000升）备用燃油箱紧挨着发动机舱的外侧安装。发动机首先从主燃油箱供油，当主燃油箱的剩油量低于44英制加仑（200升）时，通过电动输油泵把燃油自动从备用燃油箱输送到主燃油箱。

尤莫（Jumo）动力装置

由于He－111H－22飞机是从生产线上的H－21飞机的机体上改装成的，因此该机保留了夜间轰炸机机型的尤莫213E－1发动机。这种发动机能提供1750马力（1305千瓦）起飞功率，在32000英尺（9753米）的飞行高度功率达到1320马力（985千瓦）。从H－16轰炸机和H－20多用途运输机机体改装过来的V－1导弹的载机保留了这两种机型的尤莫211F－2发动机，这种发动机的起飞功率只有1350马力（1007千瓦），在17390英尺（5300米）的飞行高度只能提供小小的1060马力（791千瓦）的功率。

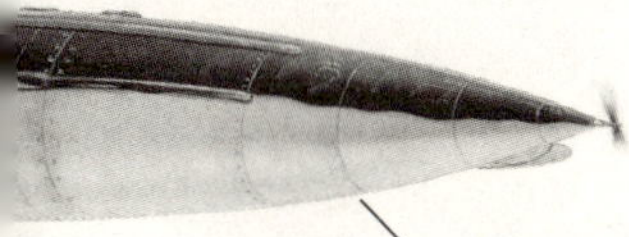

菲瑟勒（Fieseler）Fi 103 导弹

由于其经典的4806磅（2180千克）重的发射重量，Fi 103导弹更多地被称为V－1（复仇武器之——报复武器之一）飞弹。在发射时，它只需简单地瞄准目标的方向，用这种方式击中一个城市大小的区域的几率是相当高的。该导弹的动力装置是一台661磅推力（2.94千牛）的阿古斯·施密特（Argus－Schmidt）AS104脉冲喷气发动机，在发射时会产生独特的47赫兹频率的“嗡嗡”声。一个自动驾驶仪能保持该导弹飞行32分钟，其最大射程超过150英里（240千米）。弹头重1874磅（850千克），由导弹头部上的一个撞击引信引爆。

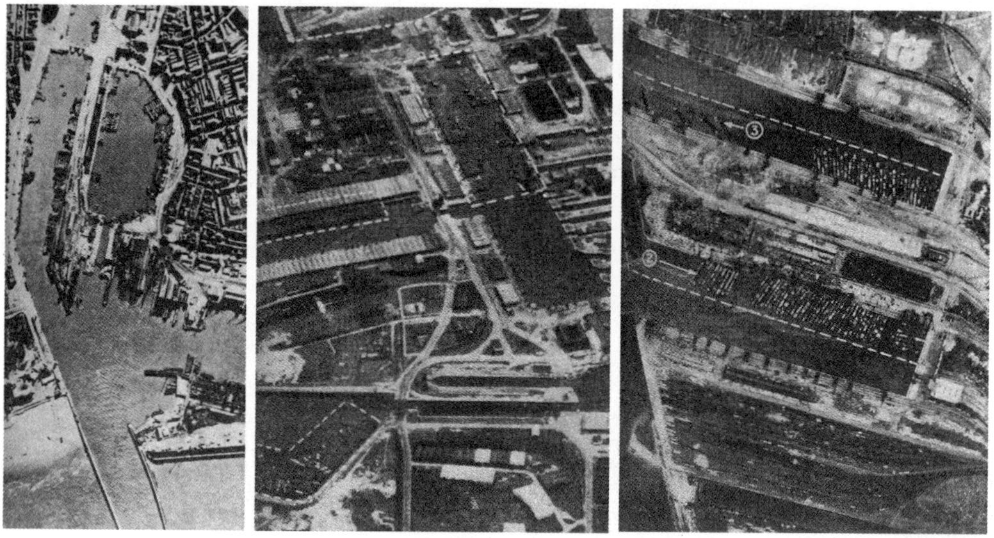

↑皇家空军的侦察照片显示出某种恶兆，在英吉利海峡的对岸的诸港口内，有大量供入侵用的驳船集结。皇家空军轰炸机部队出动进行轰炸，目标是尽可能多地炸沉——然而，9月19日之后，侦察照片显示出不同的情况。希特勒的入侵舰队解散了，德国船只躲进了比较不容易受到攻击的港口内。英国受入侵的威胁暂时消失了。

然而，仅指责希特勒和戈林短视是不公平的。在那段时间里，所有专家都对战略轰炸的破坏力抱有幻想，比如，当36架英国威灵顿轰炸机把36吨炸弹投掷在意大利的都灵的时候，伦敦马上宣布菲亚特工厂被毁灭了……

德国空军的闪电战在英格兰各地引发大火和破坏，虽然不能造成英国军工生产严重破坏，但导致4万人死亡，其中有1.6万人是平民。所以，希特勒引发的战争导致了欧洲在1940年12月至1945年2月之间遭受了大破坏，大火烧了伦敦，毁灭了德累斯顿。

战斗将会继续

到了1940年秋季，所有的中立国和被占领国都看清了一个事实，英国和德国的争斗还没有分出胜负，一场生死决斗将会在来年春季展开。谁会赢呢？7月15日，魏刚从贝鲁特去波尔多，随行中有一名叫布尔热（P.A.Bourget）的上校，魏刚对布尔热说："虽然不能肯定英国人会胜出，但德国是否能胜利也不确定。"魏刚说这番话的时候，法国签署停止协议才20天。了解了这点，你就不难想象，当德国不得不推迟发动"海狮"行动的时候，那些在法国、比利时、荷兰形成的抵抗组织所受到的巨大鼓舞。如今清楚了，1940年5月至6月的失败是临时的；大家知道自己目前是在地狱里的炼狱这一层，残酷的折磨马上就要来到了，但这痛苦的一切不会长久……

↓《标准晚报》漫画家大卫·劳讥讽了希特勒入侵英格兰的困境和希特勒与斯大林的关系。

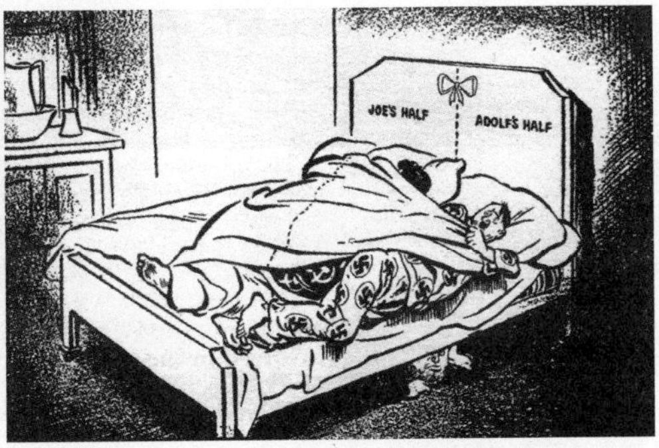

第二章
墨索里尼的野心

←意大利军队太注重仪表：意大利炮兵正在进行阅兵仪式，他们使用的是47毫米反坦克炮，这种炮的火力很薄弱。当墨索里尼参战的时候，意大利军队还没有能完成急需进行的武器装备改进和后勤改进——真正倒霉的是意大利士兵。

意大利的法西斯领袖墨索里尼，觉得天赐良机到了，所以才加入第二次世界大战。但是，盟国军队出乎意料的大崩溃，给齐亚诺和墨索里尼带来极为恼火的问题。

希特勒下一步是什么？6月19日，齐亚诺去慕尼黑开会，他在会上感到希特勒不想拿战利品去冒险。如果希特勒保持这样的态度，他很可能会在与英国谈判的时候牺牲意大利的利益从而获得对日耳曼统一有利的交易。难道希特勒不会这样做吗？意大利政府认为过早和谈不符合意大利的利益，这点可以从法国和意大利的停战协议中获

↑ 意大利飞行员和他们的飞机。在地中海战场上，虽然意大利空军在数量上有优势，但实战证明他们是有缺陷的。在英国舰队和意大利舰队的第一次交火中，意大利轰炸机几乎没有给英军造成任何伤害——意大利轰炸机攻击自己战舰的次数与攻击英国战舰的次数一样多。

得证明。墨索里尼从法意停战协议中，除了得到了芒通（Menton）之外，就是几个阿尔卑斯山上的村庄。

虽然意大利的法西斯领袖不是很渴望看到战争迅速结束，但他们也不想与德国这个盟友捆绑在一起去巴尔干、地中海地区进行军事冒险，因为意大利想独占自己的利益。过去的历史表明德国总是拿走50%的蛋糕，所以意大利的忧虑是很容易理解的。

希特勒对软弱的意大利法西斯党有一种轻蔑的情感。他称意大利司法部长迪诺·格兰第（Dino Grandi）伯爵“那头猪”。希特勒的轻蔑甚至于延展到意大利国王维克托·伊曼纽尔三世（Victor Emmanuel III）、萨伏依王朝（House of Savoy）、罗马教皇、梵蒂冈、意大利的整个贵族阶级和中产阶级。希特勒认为，在墨索里尼这位老朋友的最秘密的委员会内部充满了“叛徒”。如果希特勒有这样的想法，我们就会有更多的理由相信希特勒不想告诉墨索里尼任何行动纲领，至少是越迟越好。

希特勒不信任意大利，他的这种态度不会在德军将军中有反对意见。恰恰相反，德军的将军都参加过第一次世界大战，他们记得意大利在1915年5月“背叛”了德国。他们对墨索里尼在军事上虚张声势不感兴趣。虽然意大利法西斯的军事组织看上去很引人注目，但德国将领认为那不是大理石做的，而是石膏。

我们曾提到过，德国陆军总部反对在法国战役的最后阶段向阿尔萨斯派遣意大利部队。就在德国和法国进行停战谈判期间，意大利陆军副总参谋长马里奥·罗阿塔（Mario Roatta）将军提出一项建议，这项建议让他的德国同行哈尔德勃然大怒，哈尔德在6月24日的日记中写道：“意大利人在法军的堡垒前止步不前。如今进行了停战谈判了，他们却要保证自己获得一块尽可能大的法国土地。为此，他们建议向李斯特将军的前线用飞机运送几个营的意大利士兵，运兵可能需要借道慕尼黑，或者是直接去里昂，这样意大利士兵就可以占领他们想要的地盘了。这简直就是最下流的欺骗。我宣布绝不牵扯进此事之中。”

巴多格利奥（Badoglio）元帅不愿在这项肮脏的建议书上签署自己的名字，这引来哈尔德的赞叹：“各种迹象都表明，他是整个代表团中真正的君子。”

哈尔德在日记中表露出的意见，在希特勒身边的德军将领中毫无疑问也存在，他们是能够影响希特勒的决定的。

由于德国和意大利这两个轴心国同伙在政治上和心理上有矛盾，所以它们很难有一个能为之协调一致去奋斗的共同目标，达不到珍珠港事件之后的英国和美国那样的协调程度。此外，德国和意大利之间也缺少机会建立像盟国参谋长联席会议那样的机制。在华盛顿召开的盟国参谋长联席会议上，常常争吵得很厉害，但是，在有了最后决定之后，执行起来却很坚决。

所以，罗马和柏林采取了一种“各自为战”的体制，双方相互欺瞒、口是心非，其严重程度令人感到震惊。埃费西奥·马拉斯（Efisio Marras）将军的头衔是“意大利驻德国最高统帅部联络官”。冯·林特伦（von Rintelen）将军是德国派驻意大利最高统帅部的联络官。这两位联络官从他们各自军事独裁者那里获得的有关作战意图的信息是极少的、扭曲的、延迟的。

↑西班牙《真理报》刊登一幅漫画家里诺·帕拉夏的漫画，说明轴心国之间的关系甚至在布宜诺斯艾利斯眼里都是有矛盾的。
希特勒：“想要我推你一下吗？”
墨索里尼：“好，但不能推得太重，我怕晕……”

德国人的愤怒是可以理解的。1940年10月28日，德国人发现墨索里尼一直在隐瞒入侵希腊的意图。当凯特尔听到意大利在阿尔巴尼亚边境被击败的消息时，他大声骂道："令人震惊！愚蠢！"虽说凯特尔的话粗糙，却有一定的道理。然而，希特勒也并未把改变作战方针入侵苏联的决定提前告诉墨索里尼，凯特尔应该作何评论呢？

德国真的是对墨索里尼的希腊战役很恼火。"11月，我去因斯布鲁克（Innsbruck）会见德军总参谋长凯特尔元

→罗马的意大利法西斯宣传标语："墨索里尼永远正确。"在1940年的时候，普通的意大利人真的是不愿参战吗？戴维·亨特爵士是位情报官，他认为普通意大利人愿意参战。"我认真情况正好相反。1940年的战争是意大利人渴望参加的……在战争最初的5个月里，所以被我们和希腊人抓住的意大利俘虏都很有信心地说，意大利肯定会赢，意大利有伟大的前途，德国肯定是胜利的一方。"

帅，”巴多格利奥写道，“他立刻指出我们发动入侵希腊的攻势之前没有通知德国指挥层。元首坚决要求巴尔干的局势不能改变。德国从那里的国家获得大量的供应，但如今这些供应有丧失的危险。‘如果我知道这件事，’凯特尔说，‘我会去罗马制止这个战役。’

“我不得不告诉他真实情况。墨索里尼不让我说。实际上，墨索里尼是命令我不要告诉德国。我说应该告诉盟友。墨索里尼气愤地回答说：‘他们进攻挪威之前说过吗？他们进攻西方之前问过我们的意见吗？他们做事就好像我们不存在一样。我这是回敬他们。’”

1940年10月4日，德意领导人在布伦纳罗山口（Brenner Pass）召开会议，任何人都期待攻占希腊是议题之一，其中最重要的是攻占希腊群岛问题。会上没有谈及任何类似于“巴巴罗萨”行动（入侵苏联）那样大的行动——这样的行动在短期内对意大利是有害的。

希特勒建议进攻苏联，因为这样能剥夺英国在欧洲大陆最后一个盟友。然而，进攻苏联必然造成德军对英国的压力减轻，这就给轴心国的共同敌人英国一定的恢复实力的时间。

这就是墨索里尼在内心里珍爱的“各自为战”体制，他希望用这种体制应对他的盟友和朋友的战争欲望。另有一件事也让墨索里尼感到快活：1940年6月底，丘吉尔拒绝了希特勒的和平倡议，这意味着战争将继续。听到这个消息后，墨索里尼在9月22日对巴多格利奥说：“我很高兴看到战争不会早结束，因为那样给我们带来很大的不利。和平来得太快，对我们不利。”

墨索里尼是个军阀

然而，这位领袖忘记了意大利打仗有许多巨大的劣势，如果打长期战争，意大利缺少足够的原材料。墨索里尼在知道了这些真实情况之后才几个月，就对自己的总参谋长说：“我要发动战争，但不打，这样我可以不劳而获。”

墨索里尼在当上了最高元首之后，才显露出缺少军事才能的问题。他在公众面前大摇大摆地走路，到处显示自己突出的下巴，要么两手叉腰，要么抓着腰带，给人的印象是个有能力、有决心的司令官。即使到了今天，还有一些不了解历史情况的人，把墨索里尼视为一个不屈不挠的独裁者，认为他是在进行了一般人做不到的深入思考之后，才把自己的意志强加

↑↓ 意大利式的机械化部队。在经历了几周时间的争吵和拖延之后，格拉齐亚尼元帅终于在9月13日发动了入侵战争。16日，意大利军队在前进了60英里后抵达西迪巴拉尼，然后开始修筑防御工事。照片中的卡车携带着大炮。请注意卡车前排就座的意大利军官穿着洁白无瑕的热带军装。

↑1942年，这架Bf－109E－7飞机正在东线的北段上空执行任务。该机装备了防黄沙和尘土的过滤器以及一个救生包。这是Bf－109飞机标准的高温构型机型。

给意大利人民的。然而，根据见到过他的人的描述和相关文件，墨索里尼是个见风使舵的人，做事没有耐性，也不讲方式方法，不理解军事指挥和军事组织的基本问题。简单地说他不是个拿破仑。

基里诺·阿尔梅利尼（Quirino Armellini）将军的日记是个重要的信息源，他是巴多格利奥在意大利最高统帅部的同事。虽然阿尔梅利尼反对法西斯政体，但他在1940年5月11日至1941年1月24日之间（他在此期间被解职）的日记，并非故意说坏话，而比较有说服力。

6月21日，阿尔卑斯山攻势还没有开始，阿尔梅利尼在日记中写道："我待在这个职位上时间越长，就越发感到混乱，军事行动缺少准备，到处都是混乱不堪，这严重地影响了最高指挥层的意图；我越觉得一些军事必备条件被

忽视了，我就越相信所有的工作都必须重新做一遍。”

8月15日，他的日记写得更加尖刻。“那个原来非常美好的前景，如今让我感到恶心！我们仍然陷在世界上最大的混乱之中，简直是彻底的混乱。在意大利最高统帅部内，人人都是司令官。最后发言的人永远是正确的。战略观念经常被逆转，但逆转的理由少得令人惊骇。

“有人会说：15天后，我们要进军南斯拉夫；或者，8天后，我们要从阿尔巴尼亚进攻希腊——容易得就跟喝杯咖啡一样。元帅不知道在平原作战与山地作战的区别，不知道夏天作战与冬天作战不同。他甚至不理会我们短缺武器、弹药、装备、牲畜、原材料的问题。”

不只是阿尔梅利尼才有这样的悲叹，他们的悲叹被灾难性的战况证实。可是，当我们谴责墨索里尼和他的法西斯政体引发的军事混乱的时候，我们应该怎样谴责巴多格利奥元帅或整个意大利军队呢？1946年，巴多格利奥声称他不愿辞职，“那样不会改善局势”，因为墨索里尼不会停止与希特勒的协议；巴多格利奥还说：“如果我坚守岗位，我至少能防止一些灾难性的举动；由于墨索里尼缺少军事常识，仅让他一人指挥只会导致更多的灾难。”

巴多格利奥并非故意为自己开脱。1940年8月15日，他对阿尔梅利尼说：“我的作用尽管不大，但我比别人更能影响墨索里尼。我们只能继续干，但同时必须保护那些能被保护的东西，要尽量防止突然的行动，那样会导致更加严重的后果。”

滑铁卢惨败之后，拿破仑去了圣赫勒拿岛，在那里他有了与过去相当不同的想法：“司令官不能拿首相或君王

↓这架I/JG20的Bf-109E-1飞机拍摄于1939年8—9月。这支部队没有参加在波兰的战役，而是留在德国东部防卫德累斯顿（Dresden）周围的大都市。在1940年7月，I./JG20被改编成了III./JG 51，“黑猫”（black cat）徽章是8/JG51使用的徽章。

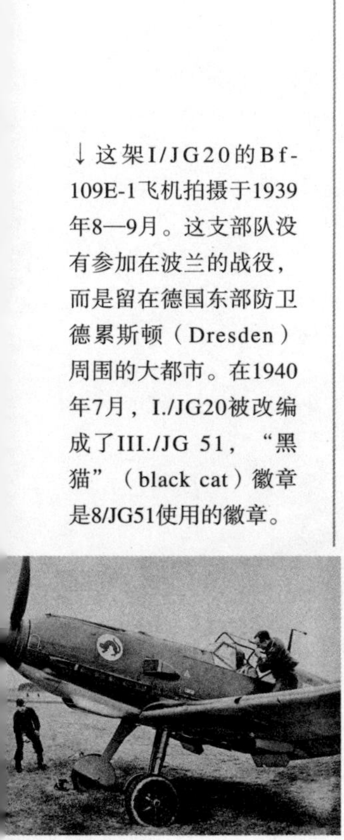

做失败的借口，因为发命令的人在战场，他不清楚战场的实际情况。

“所以，司令官应该拒绝执行有缺陷的作战计划，他必须提出理由，要求改变计划，最后提交辞呈，但绝不能成为使自己的军队溃败的工具。”

然而，意大利参战后不久，在各战场都遭遇挫折。

墨索里尼所发动的空中攻势和海上攻势，各战场的进展都很不尽如人意。刚到6月29日，意大利海军损失了117艘参战潜艇中的10艘，损失地点在红海

↓ 墨索里尼的骄傲：披着和平时期的盛装进行检阅的意大利舰队。在1940年夏季，意大利舰队是个关键因素，因为这支舰队控制着地中海中部。意大利舰队会不会进攻英国的运输船队，从而导致马耳他陷落？英国舰队只能从直布罗陀和亚历山大出海作战，虽然英国的战舰数目比意大利稍微多一点，但能保住马耳他的生命线的安全吗？

和地中海。驻扎在红海边的港口马萨瓦（Massawa）的意大利潜艇舰队明确地指出了其中4艘损失的理由：意大利潜艇下潜后，蓄电池组产生了大量有毒气体，使潜艇成员昏迷过去。

在利比亚，我们曾经说过，巴尔博元帅接到命令，要求处于守势。如果认定意大利最高统帅部的情报是准确的话，这样的决定是很奇怪的，因为在14个师已经处于集结状态的意大利的对面是8个法国师和5个英国师。但是，意大利军事情报局夸大了盟军的兵力。尽管如此，墨索里尼仍然决定参战。但是，不准确的情报给意大利涂抹上悲观的色彩。

1940年6月10日，法军在北非的司令官诺格斯（Nogues）将军，确实只有8个师的兵力；实际上，除了其中有3个是不能打仗之外，其余部队部署在利比亚与摩洛哥（西班牙统治下的）的边境线上。但是，意大利军事情报部门的报告却说，法国部队集结在突尼斯的比塞大（Bizerta）至马雷斯（Mareth）一线，准备入侵利比亚。

阿奇博尔德·韦维尔（Archibald Wavell，爵士）将军，是英国在中东地区的总司令，手中有5个师的兵力（大约10万人），但其中有36000人是埃及人。这些士兵被分成两个不完整的师：克雷（Creagh）少将的第7装甲师和尼米（Neame）少将的第4印度师[8月份之后被贝雷斯福德-皮尔斯（Beresford-Peirse）少将取代]。

意大利军队在利比亚境内的部署如下：

西线：第5集团军[伊塔洛·加里博尔迪（Italo Gariboldi）将军]，包括第10军、第20军，共有6个师，外加

←“凯撒”号战列舰在斯帕蒂文托角战役中受损。战后，意大利损失巡视小组正在检查被英国“厌战”号战舰的炮弹炸坏的地方。

2个黑衫师；

东线：第10集团军[弗朗西斯科·贝尔蒂（Francesco Berti）将军]，包括第21军、第22军，共有3个师，外加1个黑衫师和1个利比亚本土师。

第4师（第2利比亚师）正从的黎波里向班加西移动。

总体看，意大利在北非有超过236000 名军官和军士、1811门炮、 339辆轻型坦克、8039辆卡车、151架前线飞机。就北非意大利军队的实力要比当地的英军要强。

法国的停战协议使巴尔博元帅十分失望。在占领突尼斯之后，他希望比塞大（Bizerta）港就成为他的囊中之物，这样他就可以获得该地区提供的各种物资供应。如今，他必须解散马雷斯防线上的军队。

意军被英军打得摇摇欲坠是有原因的：英国第7装甲师

没有像意大利第10集团军那样采取守势，而是在利比亚前线每天都派遣装甲兵和机械化兵发动袭击，这使得意大利人认为他们的武器不如敌人。6月20日，巴尔博在给巴多格利奥的信中说："我们的轻型坦克，是老式的，而且只装备了机关枪，已经完全过时了。英军的机关枪能轻松地射穿我们坦克的装甲。我们没有装甲车。我们反坦克防御线仅是临时拼凑而成；我们现代化的武器缺少弹药。所以，战斗是钢铁与肉体的对抗，这就解释了战场上许多不幸的事件。"

在利比亚战场上，意大利3吨重的L－3－33/5轻型坦克的失败毫不令人感到意外，意大利人把这种3吨重的小坦克戏称为"沙丁鱼罐头"，其实这种坦克在西班牙内战时的表现就令人遗憾。然而，令人感到吃惊的是巴尔博不这样看，他在6月25日宣布有70辆"雄伟的"M－11坦克正在前往利比亚的路上。事实上，任何20毫米口径以上的大炮就能把这种11吨重的坦克击毁。标准的英国反坦克炮是40毫米口径，意大利人都知道这点。

威胁埃及

6月28日，消息传来说法国在北非的部队将会忠于贝当元帅的政府。意大利最高统帅部命令巴尔博全力入侵埃及，不过，这有可能导致第5集团军被敌人"吃掉"。但是，巴尔博没有收到命令。那天，他在托布鲁克（Tobruk）上空被自家炮手击落，当时的空袭警报情况异常混乱。

意大利陆军总参谋长鲁道夫·格拉齐亚尼（Rodolfo

Graziani）元帅接替了巴尔博的指挥权和任务，登陆日定在1940年7月15日。

格拉齐亚尼在当总参谋长的时候，总是催促巴尔博主动出击；但是，格拉齐亚尼到了利比亚之后，也开始用巴尔博当初的理由进行拖延。进攻的任务是艰巨的。在利比亚和亚历山大港之间只有一条供应线跨越沙漠，途中还有英军占据的西迪巴拉尼（Sidi Barrani）和马特鲁（Matruh）。格拉齐亚尼只有准备好足够的卡车和运水车去供应部队之后，他才敢发动进攻。此外考虑到非洲夏季的酷热，最好把攻占埃及的日期推迟到10月份。

然而，墨索里尼此时听不进别人的意见。他想在德国人进攻英格兰的同一天发动进攻。格拉齐亚尼回罗马开会期间，曾与最高统帅部产生了严重的矛盾。8月19日，墨索里尼给格拉齐亚尼发了一份专横的电报，报文的结束

↑7月19日，“巴托罗缪·科莱奥尼”号巡洋舰沉没前的最后几分钟。澳大利亚“悉尼”号巡洋舰不断轰击这艘意大利巡洋舰，炸毁了其轮机舱，只能漂浮在海面上，毫无防御能力，最后被“许珀里翁”（Hyperion）驱逐舰和“冬青”（Ilex）号驱逐舰发射鱼雷击沉。

语说：“格拉齐亚尼元帅，上次谈话中，我告诉过你，时间对我们不利。占据埃及是对英国的致命一击。如果我们能占领那个富裕的国家，我们就与埃塞俄比亚建立一条必要的通道。这是意大利期盼中的伟大奖赏。你肯定能弄到手，我向你保证。”

尽管有墨索里尼的催促，第10集团军到了9月13日才开始进攻，参战部队包括4个步兵师和1个装甲群，他们在第23军团的总司令安尼巴莱·贝尔贡佐利（Annibale Bergonzoli）将军的率领下穿过了边境线。由于地形复杂、气温在摄氏50℃以上、沙暴、反坦克地雷，意军的进攻速度很慢，大约每天只能前进12.5英里。9月16日，“3月23日”黑衫师占领了西迪巴拉尼。意军120人战死，410人负伤。英国第7装甲师受命后撤，损失了50人。

在占领了西迪巴拉尼之后，格拉齐亚尼就控制了从利比亚边境上的塞卢姆至亚历山大港之间315英里中的60英里，离他的目标马特鲁只有75英里了。格拉齐亚尼没有马上向马特鲁前进，而是要部队先做几件事：恢复被英国造成的损失；把去巴尔比亚的道路修到西迪巴拉尼，这是条沿着利比亚海岸线的主要道路，从西迪巴拉尼有道路去亚历山大港；建立一条供水管道；在西迪巴拉尼囤积供应品、弹药、燃料。格拉齐亚尼是个有殖民地经验的将军，他的谨慎做法是完全正确的。此时，韦维尔正希望看到意大利军队在仓促中进攻马特鲁。

意军暂停了进攻，墨索里尼感到失望。然而，他想到虽然意大利人没能越过西迪巴拉尼，但德国人也没有横渡英吉利海峡，这个想法安慰了他。

希特勒约束了墨索里尼

墨索里尼只能谴责自己，因为是他造成格拉齐亚尼的延迟。如果墨索里尼没有把从意大利和法国停战协议释放出来的资源保留在意大利，进攻埃及的计划可能会有不同的结局。然而，他在7月初决定猛攻南斯拉夫，成功的希望就此消失了。

为了入侵南斯拉夫，在意大利的北部集结了3个集团

↓7月19日，“巴托罗缪·科莱奥尼”号巡洋舰沉没前的最后几分钟。澳大利亚“悉尼”号巡洋舰不断轰击这艘意大利巡洋舰，炸毁了其轮机舱，只能漂浮在海面上，毫无防御能力，最后被“许珀里翁”（Hyperion）驱逐舰和“冬青”（Ilex）号驱逐舰发射鱼雷击沉。

军，总共有37个师的兵力。但是，希特勒不希望看到欧洲大陆的这个角落出现动荡。8月17日，里宾特洛甫通过意大利大使迪诺·阿尔菲里（Dino Alfieri）向齐亚诺传达了德国元首反对进攻南斯拉夫和希腊的意见。墨索里尼只能屈服，但是如何处置那些没有军事任务的军队呢？从经济角度看，60万士兵不得不先被遣散回家，然后在几周后再重新招募入伍。

1940年夏季，只要条件允许，英国皇家海军就能赢得荣誉，因为这支军队素来有好斗的性格。

批评意大利海军将领缺少战斗精神公平吗？他们被罗马的最高统帅部管制得非常严格——至少是比他们的对手被管制得更严格。意大利海军的沉默是有原因的，因为他们认识到意大利空军不可靠，既不能依靠意大利空军去侦察，也不能依靠意大利空军去打仗。

1940年7月9日，在意大利卡拉布里亚（Calabrian）海岸线上的斯帕蒂文托角（Cape Spartivento）爆发了一次战斗，这次战斗很清楚地展示出意大利海军的弱点。坎皮奥尼（Campioni ）海军上将率领一支意大利舰队，在护送一批士兵和物资去利比亚的班加西之后返回意大利。英国的地中海舰队， 在坎宁安（Cunningham）海军上将的指挥下，正好也在海上巡弋；意大利舰队的行踪，不仅被从马耳他起飞的英国飞机侦察到了，也被从“鹰”号航母上的飞机侦察到了；于是，坎宁安计划在意大利的塔兰托（Taranto）阻击返航的意大利舰队。

坎宁安没有成功，但“厌战”（Warspite）号战列舰成功地从26000码之外击中了意大利“朱利奥·凯撒”（Giulio Cesare）号战列舰。坎皮奥尼利用烟幕成功逃脱。坎宁安在离意大利海岸线25英里远处停止了追击后撤。战斗中，意大利空军显示出其弱点：没有俯冲轰炸，没有鱼雷攻击，投掷了1000枚炸弹，只有一枚击中了“格洛斯特”（Gloucester）号巡洋舰。

这种不准确性也有好处：救了意大利舰队一命。当时，意大利萨沃亚－马尔凯蒂79型（Savoia Marchetti 79）

轰炸机对坎皮奥尼的舰队进行了狂热般地轰炸。齐亚诺在7月13日的日记中写道："意大利海军装备的真正议题不是在意大利与英国之间进行比较，而是在意大利的空军与海军之间进行比较。"

尽管如此，墨索里尼绷着脸宣布，只用了3天，英国在地中海的海军力量有一半就被消灭光了。7月19日，又爆发一次冲突，地点在克里特岛的安提基希拉海峡（Antikithera Channel）。意大利轻型巡洋舰"巴托洛米奥·科勒奥尼"(Bartolomeo Colleoni)号、"邦德·尼勒"（Bande Nere）号正向多德卡尼斯群岛中的莱罗斯岛（Leros）前进，与澳大利亚的"悉尼"号轻型巡洋舰和5艘驱逐舰相遇。"科勒奥尼"号被鱼雷击中了轮机舱，最后沉没了。"尼勒"号逃脱。这次战斗显示出意大利轻型巡洋舰为了速度牺牲了装甲保护的弱点。

8月初，意大利海军在地中海实力比较强。战列舰"利托里奥"(Littorio)号、"维托里奥·维内托"(Vittorio Veneto)号、"卡约·杜伊利奥"（Caio Duilio）号、"安德烈亚·多里亚"（Andrea Doria）号加入意大利舰队。前2艘很强大、很现代，排水量有41000 吨，有9门15英寸大炮，航速有28节。其余几艘战列舰都是1913年下水的，又在30年代进行了彻底翻修。"多里亚"级的战列舰有10门12.6英寸大炮，航速能达到26节。

意大利海军驻扎在地中海的中央，主力战舰的数目以6：5的比例超过萨默维尔海军上将和坎宁安海军上将所有的，而且英国舰队被分割成两部分，驻扎在地中海的两端。英国战舰的炮火上的实力略强一些，但没有一艘地中海地区的战舰有超过24节的航速。卡拉布利亚战役之后，英国海军部向东地中海派遣了“勇敢”（Valiant）号战列舰（刚整修完毕）、“加尔各答”号防空巡洋舰和“考文垂”号、“卓越”号航空母舰，“卓越”号是艘很重要的航母，能承载34架飞机，其中12架是管鼻燕式战斗机。坎宁安的舰队由于有了这些增援，就能抵御意大利的轰炸机了。“卓越”号航空母舰和“勇敢”号战列舰还装有雷达，这是个附加优势。

所以，英国皇家海军的应对措施是及时的、巧妙的：海军增援部队在9月5日抛锚于埃及的亚历山大港。

在增援行动中，“阿耳弋斯”（Argus）号航母航行到撒丁岛的南面，利用舰上的12架“飓风”战斗机为马耳他的破旧防御提供支援。这是令人吃惊的，因为签署了停战协议，比塞大的威胁消失了，意大利人也无意进攻马耳他。“海岛堡垒”防御体系比较弱小：只有68门轻型和重型防空炮，而战前的原计划是156门。雷达很少，分布得很散。6月10日，意大利参战，此时马耳他的空军实力只有5架“箭鱼”鱼雷轰炸机、4架“角斗士”战斗机；这4架有1架很快受损，无法修复，另外3架分别被命名为“信心”、“希望”、“慈善”。后来，又来了9架“箭鱼”和9架“飓风”。

坎宁安海军上将抗议马耳他的防御水平过低，因为英国政府和皇家总参谋部都曾经表示要大量支持。然而，他的抱怨并未引起注意。伦敦已经做出决定，一旦与意大利开战，中东战场的供应将走海路，沿着好望角航道进行。英国在发现意大利最高统帅部的怯懦和意大利空军的弱点之后，决定

恢复马耳他的攻击性作用。马耳他原先似乎很难实现这个作用，因为有敌人轰炸机的威胁。

如果在马耳他岛防御能力仍然比较薄弱的条件下发动进攻，那就必须要小心谨慎，不慌不忙。坎宁安很清楚地看到了这点。他写道："考虑到我们无法立刻提高马耳他岛上的防御能力，如果想避免马耳他岛遭受严重威胁，那么从该岛发起的进攻要与其防御能力相适应。我们在岛上的小型部队进攻得越出色，就越容易招致意大利人的全面报复。"

从长远看，马耳他岛上的轻型水面舰队和轰炸机部队的发展，必须与岛上的防御能力的发展同步进行（需要有战斗机、防空炮火、雷达）。这是显然的；军事经验证明了这点。然而，丘吉尔不信这点，他在9月9日批评坎宁安没有足够的进取心。

与此同时，德国与意大利陷入一场局部重要的纠纷。不久之后，这场纠纷将会造成双方的伤害，而且后果极其严重。

我们曾经提到过，匈牙利摄政王霍尔蒂（Horthy）海军上将领导下的几届政府，以及匈牙利民众，都不接受1920年制定的《特里亚农条约》施加的领土限制。在《慕尼黑协定》签署之后，匈牙利从捷克斯洛伐克获得了大量领土补偿；此后，在1939年3月爆发的布拉格政变中，匈牙利又进一步吞并了喀尔巴阡

→匈牙利摄政王霍尔蒂海军上将凯旋进入纳戈瓦艾德(Nagyvarad)。

←里宾特洛甫与罗马尼亚的领袖马诺伊列斯库(Manoilescu，居中)和加芬库(Gafencu)谈话。

山下的罗塞尼亚（Ruthenia）。

由于罗马尼亚和匈牙利之间的矛盾，特兰西瓦尼亚地区许多年以来很不融洽。1918年，奥匈帝国战败，匈牙利被迫割让特兰西瓦尼亚给罗马尼亚，因为罗马尼亚是第一次世界大战的战胜国。这个决定是相当公平的，因为那个地区大部分居民是罗马尼亚人，他们在匈牙利人的统治下生活艰难。但是，在喀尔巴阡山脚下有一个地区居住着马扎尔人，人数大约有200万，他们与多瑙河流域的马扎尔人被人为割裂开来。他们没有理由喜欢做罗马尼亚的公民。

轴心国的裁决

法国被打败之后，匈牙利政府再次把特兰西瓦尼亚问题搬出来。罗马尼亚国王卡罗尔一世和首相吉格图（Gigurtu）表示愿意妥协，但不会完全退让。如果不是希特勒干预，这两个国家早就开始打仗了。我们说过，希特

勒害怕巴尔干地区出现混乱引发的后果。墨索里尼一直支持匈牙利的主张。罗马尼亚和匈牙利请求轴心国做出裁决，这个裁决将由齐亚诺和里宾特洛甫担任主持，在维也纳的贝尔维第宫（Belvedere Palace）做出。1940年8月30日，裁决做出来了。

按照轴心国裁决的结果，罗马尼亚将保留特兰西瓦尼西部地区。匈牙利将获得马扎尔人居住区。但是，如果匈牙利想把1920年的边境线扩展到喀尔巴阡山摩尔达维亚人的地区，那就必须同意归还300万罗马尼亚人居住的领土，包括重要的城市克鲁日（Cluj）和奥拉迪亚（Oradea）。

特兰西瓦尼亚就这样被专横霸道地瓜分了，但匈牙利仍然感到不十分满意。另一方面，罗马尼亚在2个月前刚被苏联夺走了比萨拉比亚、布科维纳，罗马尼亚人此时仍然处在愤慨的情绪中。9月4日，安东内斯库（Antonescu）将军夺取政权，迫使国王卡罗尔退位，把受他偏爱的王子迈克尔推上王位，自封为“指挥家”，实际上是把自己树立为独裁者。

德国对罗马尼亚的照顾

意大利虽说是轴心国的一员，但总是支持匈牙利，所以出现了一种不令人奇怪的情况，罗马尼亚国王卡罗尔和安东内斯库都认为谋求德国的照顾是恰当的。希特勒极为害怕来自罗马尼亚普洛耶什蒂（Ploiesti）油田的石油供应被切断，希望加以保护，不让盟国前来破坏。所以，他在9月2日热情地接受了一个罗马尼亚军师向他提出的请求。10月7日，汉森中将率领他的参谋官和第13机械化师的前锋部

米克洛什·霍尔蒂（Mikolos Horthy）海军上将，生于1868年，出生地位于匈牙利东部。14岁时，进入奥匈帝国的海军学院学习。在1909年至1914年之间，他是奥匈皇帝弗朗茨·约瑟夫的海军副官。第一次世界大战中，他是位既勇敢又有能力的领袖。1918年，他晋升为海军上将。第一次世界大战之后，他回到匈牙利，领导了反革命运动，赶走了共产党政权。1920年3月，他成为摄政王，但拒绝放弃政府官职。他的政策有两个基础，一是要维持现有社会秩序，二是要扩大领土范围。虽然他与希特勒不和，但最终还是在1941年加入了轴心国。他这样选择，主要是为了与共产党对抗。他在1944年想单独与盟国进行和谈，但被纳粹囚禁。他在1957年死于葡萄牙。

队抵达了布加勒斯特。

德国的这一举动，是在维也纳裁决保证罗马尼亚领土完整之后展开的，可以视为希特勒发出的清晰反苏信号。虽然斯大林和莫洛托夫没有做出明显反应，墨索里尼却做出了剧烈反应。

墨索里尼进攻希腊

10月12日，齐亚诺去威尼斯宫拜访了墨索里尼，发现这位元首正在“生气”。墨索里尼声称德军占领罗马尼亚给意大利民众留下很坏的印象，所以决心要做点什么。“希特勒对我总是事后商量。这次我要给他一个事后商量。我要他在报纸上读到我占领希腊的新闻。这样才有公平。”

墨索里尼的这项决定，最让齐亚诺高兴，因为齐亚诺一直在地中海东部推行帝国主义政策。不过，齐亚诺认为有必要问一问墨索里尼是否与巴多格利奥元帅商量过。“还没有，”墨索里尼回答，“我是个意大利人，如果谁反对我们与希腊人打仗，我将辞职。”

10月15日，巴多格利奥、罗阿塔听到了墨索里尼的决定，都感到十分吃惊。他俩在3周之前，刚根据墨索里尼的命令让60万士兵退伍。可是，墨索里尼现在又要在12天内进攻希腊，进攻日期定在10月26日。

巴多格利奥没有提出原则性的反对意见，他派遣20个意大利师去进攻希腊，这个部署是考虑到保加利亚人应该能牵制6~8个希腊师的兵力。此时，意军在阿尔巴尼亚的司令官塞巴斯蒂亚诺·维斯康提－普拉斯卡（Sebastiano Visconti－Prasca）将军，手下只有8个师供他调遣。所以，必须再次动员12个师的兵力，运送过亚得里亚海，并为之建立物资储备和后备部队。考虑到阿尔巴尼亚的法罗拉港（Valona）、都拉佐港（Durazzo）吞吐能力有限，完成上述工作至少需要3个月的时间。

墨索里尼不能接受这些要求拖延行动的理由：任何推延都会给希特勒以否决的机会。齐亚诺、亚科莫尼（Jacomoni，阿尔巴尼亚中将）、维斯康提－普拉斯卡都支持墨索里尼的想法，他们又在10月15日威尼斯宫召开的会议上压制了巴多格利奥、罗阿塔的反对意见；支持他们的还有卡瓦格纳日（Cavagnari）海军上将、普里科洛（Pricolo）将军，他俩分别是副国务大臣、海军总参谋长和空军参谋长。

在齐亚诺看来，政治局势对意大利有利。土耳其和南

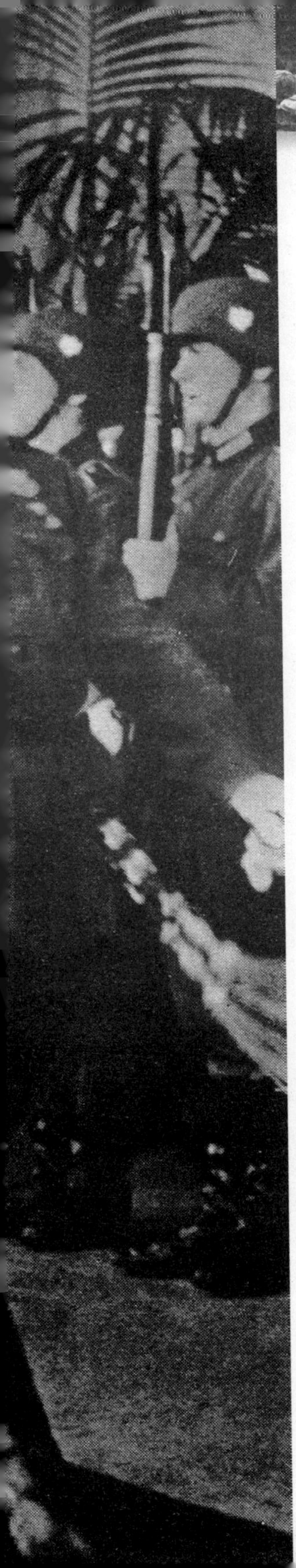

←希特勒和佛朗哥将军在西班牙边境城市昂代会面。这是希特勒的魔力第一次彻底失败：这位西班牙独裁者拒绝加入轴心国。

斯拉夫都不愿支持希腊，尽管这两个国家都是希腊的盟友。保加利亚偏向意大利。最重要的是雅典政治局势使人乐观。只有司法系统和财阀集团对法西斯主义的意大利抱有敌意。贿赂正按计划有序展开，已经形成了一个推翻政体的基础。

亚科莫尼表达了自己的看法，他认为整个阿尔巴尼亚名族都想与世仇希腊算账。“甚至可以这样说，”他傲慢地宣称，“阿尔巴尼人的热情极高，他们认为战争已经开始。”在他人的要求下，维斯康提－普拉斯卡宣布了作战计划，他预计，以他在阿尔巴尼的部队发动进攻应该不会有困难。他将留一部分兵力在东部的品都斯山脉（Pindus）做掩护，派遣7万名意大利士兵攻击3万名希腊士兵，只需10~15天就能征服伊庇鲁斯（Epirus）。他在获得从爱奥尼亚群岛（Ionian Islands）出发通过被占领的普雷韦扎港（Preveza）运送过来的援兵之后，将会向雅典进发，攻占雅典意味战役结束，整个战役应该能在年底前结束。

面对如此多的理由，特别是齐亚诺和亚科莫尼在政治方面所做的解释，巴多格利奥没有继续反对。不过，他认为必须占领伯罗奔尼撒半岛和克里特岛，否则英国人将会从这两个地方攻入。后来有人指责巴多格利奥夸大了军事可能性。但是，他当时不知道齐亚诺和亚科莫尼都说了假话。

←希特勒的另一次精神失败：10月24日，他与贝当见面。根据当时的翻译官回忆，“贝当沉默地听着，没有对希特勒和德国说一句友好的话”。

尽管墨索里尼希望速胜，但仍然给予将领们2天的宽限；他对各方都能保守秘密不让德国人知道感到高兴。

希特勒和地中海

由于德军正在初步探讨入侵苏联的可能性，而“海狮”行动也被暂停，此外，雷德尔大元帅也在不断施压，希特勒开始显露出对其他战略项目的兴趣，借以缓解德国和意大利独自打仗的坏影响，使轴心国同伴能一起去打击共同的敌人。这就是“菲力克斯”行动，目标是占领直布罗陀。

如果德军能占领直布罗陀海峡，英国皇家海军将无法进入地中海，而意大利舰队则可以自由进出大西洋。此外，轴心国还能对法国的北非殖民地保持一种压制事态，就如同未被德军占领那部分法国一样。到那时，维希法国政府也将无力阻止希特勒去策反摩洛哥、阿尔及利亚、突尼斯。

佛朗哥的建议

这样的行动需要西班牙的协助。当希特勒即将入侵英国的时候，西班牙政府提出对奥兰（Oran，阿尔及利亚港口城市）和法属摩洛哥的领土要求。9月中旬，西班牙内政部长、佛朗哥的妻弟塞拉诺·斯诺尔（Serrano Suner）与希特勒和里宾特洛甫进行了一系列的会谈。根据斯诺尔战后的回忆录记载，他的建议没有获得德国的积极反应，他为此感到失望——如果说感到震惊不太合适的话。

齐亚诺的日记证实了斯诺尔的说法。齐亚诺10月1日那天的日子中记录道："塞拉诺生气地骂德国在处理西班牙问题上绝对缺少机智。塞拉诺说得对。"希特勒和里宾特洛甫想为德国夺取摩洛哥的大西洋海岸，外加在加那利群岛(Canary Isles)上的空军和海军基地。另一方面，他俩不是十分肯定德国应该如何援助西班牙。西班牙参战后，海外的进攻就被切断了，食品和燃料要依赖德国支援。

10月4日，希特勒、里宾特洛甫、墨索里尼、齐亚诺在布伦纳罗山口开会，再次讨论上述问题。同时，是否派遣德国装甲特遣队去北非的问题也在会上进行了讨论。然而，墨索里尼每天都在等待格拉齐亚尼恢复在埃及的攻势，对这个问题表示冷淡。按照墨索里尼的意见，只有当战役进行到第3阶段的时候，才应该派遣德国装甲部队去北非：当意大利第10集团军从马特鲁出发，东进到亚历山大港和开罗的时候。毫无疑问，他不喜欢德国的帮助。

如果意大利人能在10月22日前拿下开罗，佛朗哥很有可能会采取不同的行动。因为那天他与希特勒在西班牙边境线上的昂代（Hendaye）见了一面。佛朗哥认为这是场长

武器装备

纵观整个作战生涯，Bf－109飞机装备的武器装备越来越重。原型机起初是在发动机整流罩上安装了2挺0.31英寸（7.92毫米）的MG 17机枪（每挺机枪带弹500发），后来在汽缸组之间增加了第3挺机枪（其通过螺旋桨桨毂射击），随后该机枪被1门20毫米的MG FF/M机炮取代。但是无论如何，这种通过螺旋桨桨毂射击的武器系统被证明很不成功，因此，后来的机型在机翼上安装了2挺以上的0.31英寸（7.92毫米）的机枪。在Bf－109E－3/4飞机上，在机翼上很难安装MG FF 20毫米机炮。Bf－109E－4飞机是所见的第一种用作战斗轰炸机的Bf－109机型。在两个主轮之间安装了一个基本型的ETC 500炸弹挂架，该挂架可以挂载4枚110磅（50千克）的炸弹或1枚单独的551磅（250千克）的炸弹。在试飞成功后，每一个Bf－109飞机的作战组都被命令把中队的一部分飞机改装成战斗轰炸机。这些被改装的飞机被指定了新的代号Bf－109E－4/B，以表明其新的任务角色。

武器装备

Bf－109K－4飞机装备了在标准型Bf－109G－6飞机上装备的一门单独的、发动机中安装的莱茵金属－博尔西希30毫米的MK 108机炮，以及安装在发动机上部的一对莱茵金属－博尔西希MG 131 13毫米的机枪，每挺机枪带弹300发。MK 108机炮是一种高效的武器，但经过验证发现，在作高难度机动动作时，该机炮容易受到干扰，因此飞机上只留下了2挺机枪。作为MK 108机炮的备选项，安装在早期Bf－109G飞机上的毛瑟MG 151/20 20毫米机炮，虽然也能安装在该型机上，但是它被认为没有必要安装在生产型的Bf－109K－4飞机上。Bf－109K飞机的机翼被建造得不仅能容纳毛瑟MG 151/20机炮，而且作为一种选项，可以用一个内置的安装座安装2门MK 108机炮。一种对抗轰炸机的改型机，Bf－109K－6机型，不仅配备了与后期Bf－109K－4机型相同的标准装备，而且在每一个机翼上额外增加了1门MK 108机炮。由于飞机超重，因此进行了相应处理。虽然原型机服役试验（可能是在III./JG 3部队进行的）从1945年2月开始进行，但是Bf－109K－6飞机被认为没有进入生产。为Bf－109G飞机开发的各种改装套件也可以用到Bf－109K－4机型上。R1是一种战斗轰炸机改装套件，它可以允许飞机在机身下挂载1个551磅（250千克）的炸弹或1102磅（500千克）的炸弹，而R4允许额外在每一个机翼上安装1门MG 151/20机炮。

期战争，如果没有谷物和燃料供应，西班牙人将会遭受进一步的损失。

会上希特勒仍然继续说大话，强调英国已经被打败。就在那天，佛朗哥则拒绝参加德军攻占直布罗陀的战役，战役初步设定在1941年1月10日展开。

保罗·施密特（Paul Schmidt）当时在场，做翻译官。“坦白地说，我最感兴趣的是佛朗哥对希特勒的回答。希特勒宣称从直布罗陀出发，可以用装甲兵把英国人赶走。佛朗哥认为在大沙漠的边缘这是有可能的，但是非洲中部有巨大的沙漠带保护，就像大海保护海岛那样保护着非洲中部。由于我在非洲打过许多次仗，所以我知道这点。”

施密特继续写道：“即使希特勒征服了英伦诸岛，最终也将是空欢喜一场。佛朗哥认为有可能征服英伦诸岛。但是，如果英伦诸岛被征服，英国政府和舰队会去加拿大继续展开抵抗，美国也将提供援助。

“佛朗哥谈话时的表情平静，语调单一，像个伊斯兰教的宣礼员。希特勒则变得焦躁不安，显然谈话内容折磨着希特勒。有一段时间，希特勒甚至站起来说这样的谈话毫无用途，但很快又坐下继续说服佛朗哥改变主意。佛朗哥宣称他打算签署一个协定，但是，考虑到希特勒只有西班牙参战才提供物资供应，所以那个协定最终也变成个幌子。”

佛朗哥应对希特勒的手段基本上采取“是的……但是……”的态度。希特勒不喜欢这个手段。里宾特洛甫也受到塞拉诺·斯诺尔的相同待遇。斯诺尔前不久才成为西班牙的外交部长。里宾特洛甫的最近建议也没有获得斯诺尔的善待：“西班牙将获得法国殖民地的一部分，法国将从英国的殖民地中获得补偿。”

这个建议与斯诺尔当初去柏林时听到的不一样。然而，里宾特洛甫也很愤怒，因为他觉得西班牙人太狡猾。会后，施密特与里宾特洛甫一起坐飞机去蒙图瓦尔（Montoire），施密特说里宾特洛甫在旅途中“怒气冲天”，不断咒骂“那个忘恩负义的流氓”佛朗哥、“那个阴险的”斯诺尔。

贝当拒绝帮助希特勒

如果希特勒与佛朗哥在昂代会面使德国的国策明显倒退一步的话，那么希特勒与贝当在蒙图瓦尔的会面也未能弥补损失。希特勒想让维希法国政府与英国开战。然而，贝当明确告诉希特勒法国不会与前盟友开战，即使能获得戴高乐手中的殖民地也一样。

施密特又一次为我们提供了蒙图瓦尔会议的情况。

“1940年10月24日的夜晚降临了，在那座小火车站的站台上，微弱的灯光下，很难分辨谁是胜利者，谁是战败者。虽然贝当年事已高，但仍然笔挺地站着，穿着朴素的军服。贝当主动伸出手，用近乎王室的礼仪与那位独裁者握手。贝当的眼神是古怪的、冰冷的、富于穿透力的。我知道贝当是如何看待希特勒、戈林等杰出的纳粹分子的。对大多数德国人来说，贝当代表着法国军事的全部美德，这点可以从希特勒在会面时的态度上看出来。此时，希特勒不再是那个1940年新闻照片中的胜利者。当然，也不像一些法国杂志画的那样，希特勒像个下士一样站在元帅面前。希特勒的举止，既不傲慢，也不严峻。

↑德国宣传画警告潜在的阴谋活动：如果犹太人继续搞颠覆破坏，法国和德国在蒙图瓦尔签署的协定就将要撕毁。

“希特勒示意邀请元帅进入他的火车车厢。我坐在贝当前面，他说话的时候我自始至终观察着他。他的面色在站台上的时候有些苍白，此时变得有些红润。在他泰然自若的外表背后，既没有情绪，也没有内心紧张。里宾特洛甫在会上一言不发，几乎就是个宽容的目击者。赖伐尔（Laval）也在场，他系着必不可少的白色领带，协助双方展开对话。

“贝当默默地听着。他自始至终没有对希特勒和德国说过一句友好的话。他的态度传递出一种茫然的傲慢，超越了法国在1940年秋天的情形。”

←1939年9月，纳粹德国在对波兰的闪电战期间使用了Bf－110C飞机，在这里它们相对受不到威胁。实际上，甚至当德国人的注意力转向西方时，高空飞行的Bf－110飞机在性能上还胜过“飓风”（Hurricane）Mk I飞机，并且爬升性能超过了“喷火”（Spitfire）Mk I飞机。只是当Bf－110飞机被推到为轰炸机护航的角色上，一种它从来没有预想过要承担的任务上时，它才发现自己处于劣势。

↑许多德国战时飞机都装饰着鲨鱼嘴巴图案，在II./ZG 76部队的Bf－110飞机上有一些鲨鱼张开了惊人的嘴巴。个别转场到夜间战斗机部队的Bf－110飞机上保留了鲨鱼嘴标记，虽然在某些情况下，这些洁白的牙齿在黑夜特别显眼，但是在开始严肃调查夜间涂装色之前，这种鲨鱼涂装成了夜间战斗机的标准涂装。飞机经常以这样装饰被拍摄，而且比它们朴素的“同行”（飞机）被拍摄的次数要频繁，为的是提升纳粹德国新型夜间战斗机部队的士气。

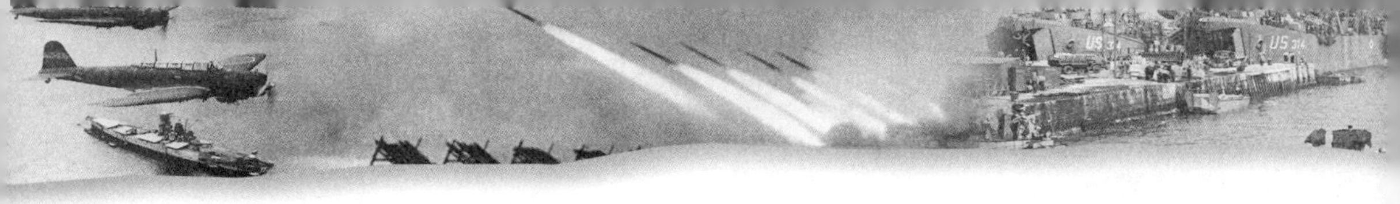

座舱

Bf－110飞机的座舱设计是供三人制机组使用的，从前到后依次为：一名飞行员、一名无线电操作员和一名机炮手。这种三人制配置（随着战争的进展，这种配置被证明越来越显笨拙），也被当时的英国和法国飞机所采用。在作战时，后部机炮手和无线电操作员的角色通常被结合到了一起。虽然这两名机组成员的前部和上部视野非常好，但是在这种总体布局下，其下部视野不太好。Bf－110C－4飞机是第一种为机组成员引入装甲防护的机型。

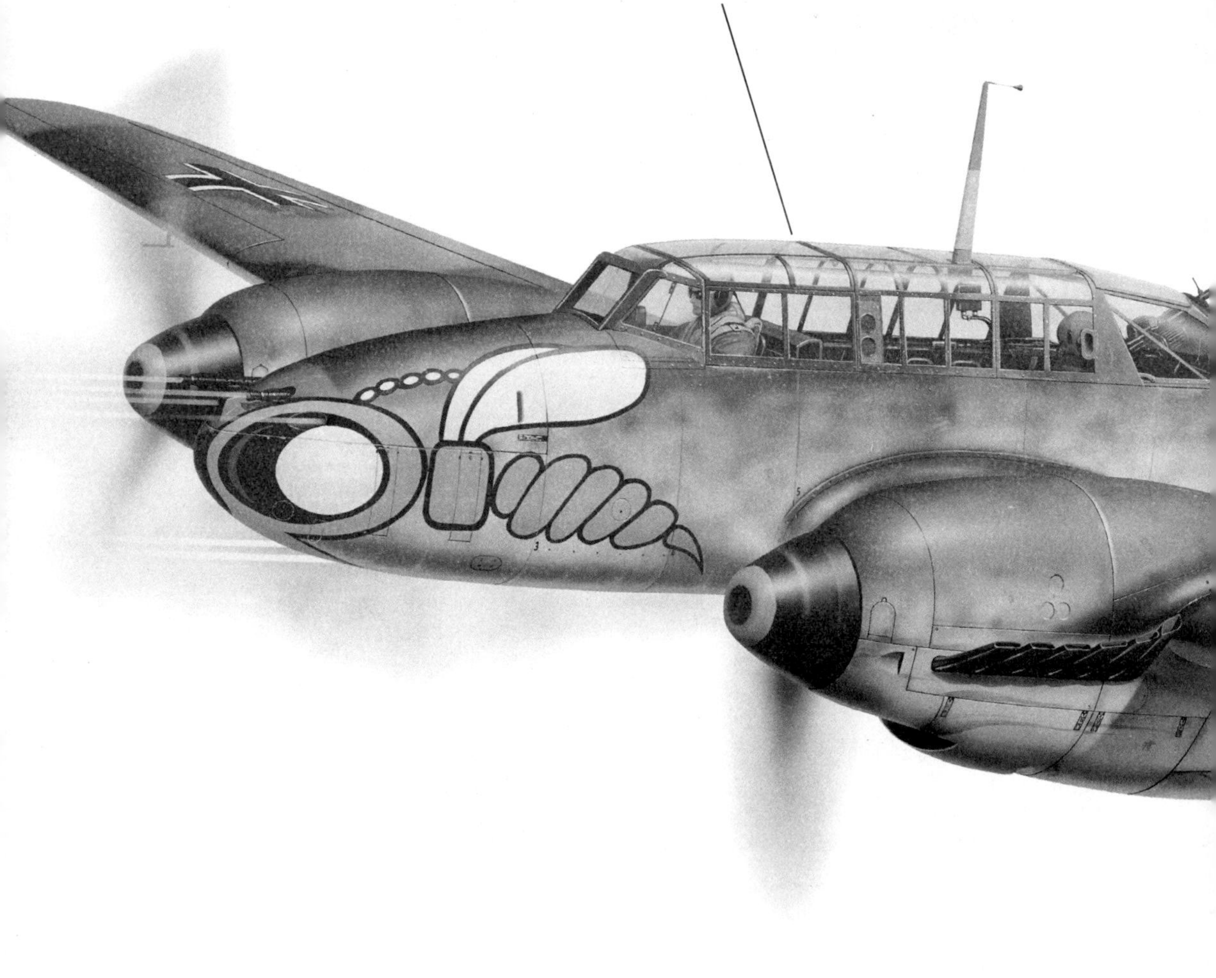

载油量

用4个油箱提供燃油，它们位于主梁两侧的机翼内段。前面的油箱每个都能装载82英制加仑（373升）的燃油，而后面的油箱每个能装载58英制加仑（264升）的燃油。后来的机型为了增加航程挂载了副油箱。

起落架

主起落架是一种坚固的、简单的单支柱、单轮结构，可以向后收起到发动机短舱后部的起落架舱中，并被两个舱门完全封闭。尾轮不可收起。扩展的尾椎表明这里装载着一个救生筏和生存设备。

虽然墨索里尼根本不是军事家，但他喜欢给世人摆出军事家的样子。照片中他在炮口下检阅意大利军队。

第三章

阿尔巴尼亚、塔兰托、西迪巴拉尼

希特勒在结束与贝当的不愉快会面之后还没来得及离开蒙图瓦尔，德国驻罗马大使便打来一份令希特勒极为惊愕的电报：他的意大利盟友马上就要进攻希腊了。为了阻止这个冒险行为，他没有回柏林而是直接去了意大利。10月20日10时整，希特勒坐火车到了佛罗伦萨。站台上，墨索里尼满脸堆笑着说："元首，我们正在前进！今天拂晓，意大利军队成功地跨越了阿尔巴尼亚与希腊的边境线！"

科尔察（Koritsa）、塔兰托、西迪巴拉尼，意大利军队在这三个地方打了三场大败仗，这三场败仗使轴心国的前途变得一片暗淡。意大利的失败，给自1940年6月25日以来西欧的受压迫人民以一丝希望的微光。墨索里尼和齐亚诺自意军开始进攻就一直在关注战况，可是入侵希腊的

↓意大利运输车辆陷入阿尔巴尼亚的泥泞道路中。

→骑着摩托车的意大利士兵在艰难行进。11月初的大雨帮了希腊军队的大忙。

政治基础却在崩塌。他们如今了解到了，保加利亚的国王鲍里斯只愿做局外人，除非局势对自己有利。他们严重低估了希腊民众的爱国热情。希腊国王乔治二世以及首相扬尼斯·梅塔克萨斯（Joannis Metaxas）愤怒地拒绝了意大利发出的最后通牒，并立即发布命令在希腊进行全国总动员。意大利人听到这个消息，开始对希腊进行小规模的空袭。在意大利的空袭下，希腊民众变得更加团结一致。

意大利在希腊极不受欢迎，这是个事实。在历史上，威尼斯曾经统治克里特岛、摩里亚半岛、爱奥尼亚群岛。后来，切萨雷·德费奇（Cesare de Vecchi）伯爵用法西斯方法统治罗兹岛、多德卡尼斯群岛上的居民。这些导致希腊各界对墨索里尼本人、他的政权、他的国家产生高度一致的敌意。

希腊人的反击

希腊全国总动员给希腊军队总司令亚历山德罗斯·帕帕戈斯（Alexandros Papagos）将军一共15个步兵师、4个步兵旅、1个骑兵师。这

←希腊士兵具有顽强的战斗精神，其中原因之一是希腊人痛恨意大利法西斯分子在希腊的罗兹岛和多德卡尼斯群岛的镇压行径。

些兵力被分成4个军。希腊军队在兵力上显然弱于意大利军队。但是，希腊地形复杂、交通不便，这对防守者有利。

按照意大利原始作战计划，用4个师的兵力去进攻伊庇鲁斯，另外用2个师做掩护，进攻莫罗瓦高原地（Morova massif）。维斯康提－普拉斯卡想用突袭的办法打乱帕帕戈斯，使他无法集中兵力。但是，天气对希腊一方有利：意军跨过边境后就遭遇到了大雨，每条小溪都变成洪流，每条道路都变成烂泥的汪洋。此外，希腊人采取破坏行动，进一步减缓了意大利人的前进步伐。

尽管有这些困难，维斯康提－普拉斯卡的左翼编队“朱莉娅”山地师，突破了希腊的前锋阵地，接着又突破了主阵地，把希腊军队挤入奥斯峡谷（Aoos valley），并于11月2日占领了佛沃萨村（Vovoussa）。这支意大利部队在冰冷的雨中前进了25英里之后，就到了重要的麦特祖温隘口（Metzovon pass）的山脚下，面前是拉里萨至约阿尼纳的公路（Larisa－Yanina road）。第二天，希腊人从高处发动反击，迫使意大利人匆忙后撤，结果是一场灾难。

在中路，第23步兵师（“费拉纳”师）和第131装甲师（“圣塔罗”师）的进攻目标是约阿尼纳，在希腊的前锋阵地前受阻，突破后继续前进，最后彻底地被阻挡在主阵地前。究其原因，希腊第8师发挥了极大作用，这个师本是一支掩护部队。

在沿海地区，意大利的“锡耶纳”师境遇比较好，在占领菲利阿泰斯（Filiates），渡过夏墨斯河（Thiamis），抵达了帕拉米夏（Paramithia），企图包围约阿尼纳。由于海上条件恶劣，意大利空军无法施展优势，所以意大利最高统帅部放弃了攻占科孚岛（Corfu）的两栖作战计划。

至此，意大利人的突袭失去了优势：意大利的轰炸机无法阻止希腊军队的调动和集结；维斯康提－普拉斯卡提出的作战计划暴露出许多明显弱点。到11月12日，帕帕戈斯将军有超过100个营的兵力在他们熟悉的地形下展开战斗，相比之下，意大利只有50个营的兵力。

11月9日，维斯康提－普拉斯卡被解职，取代他的是乌巴多·索杜（Ubaldo Soddu）将军，此人是意大利战争部副部长、代理总参谋长。此时索杜手下还有2个军供他调遣：右翼是卡洛·杰洛萨（Carlo Gelosa）将军的第11军；左翼是马里奥·维尔塞利诺（Mario Vercellino）将军的第9军。

← 在1940年秋季，全世界都在关注意大利在巴尔干和北非的冒险将会有怎样的结局；轴心国、盟国、漫画家都有自己的看法。自由世界就像1939年12月对待苏联入侵挪威一样，对希腊一次又一次地打败意大利军队的入侵而叫好。下面这幅漫画的标题非常清楚明了：“山峦的奖励”。

但是，除非使退伍士兵重新入伍，并用船运过亚得里亚海，索杜拥有的只是军队番号。

在希腊这一方面，帕帕戈斯将军不满足于现有的防御策略；这场战争是4500万意大利人对700万希腊人的进攻，“等等看”的策略等于承认失败。帕帕戈斯决定利用敌人的失误，在其巨大的兵力优势和物资优势送上战场之前发动反攻。11月14日，希腊军队全线发动反攻，从普雷斯帕

湖（Lake Prespa）一直到爱奥尼亚海。

希军的右翼是卓尔莱库格楼（Tzolakoglou）将军指挥的第5军，这个军最开始有3个师，后来增加到5个师。战斗中，这个军突破了莫罗瓦高地，激战8天之后，在科尔察击溃意大利的第9集团军，俘虏了2000人，缴获了80门大炮、55门反坦克炮、300挺机关枪。战败的意大利部队包括："特伦托纳"山地师、"阿雷佐"步兵师、"帕尔马"步兵师、"皮埃蒙特"步兵师。在北部也取得了同样伟大的胜利，12月4日，希腊第3军占领了奥日达湖边的波格拉德茨（Pogradec on Lake Ohrida）。

11月21日，希腊第2军在帕帕多普洛斯（Papadopoulos）将军的指挥下跨过了阿尔巴尼亚边境线，克服了格兰莫斯山（Grammos）的阻碍，终于占领了爱尔塞克（Erseke）、莱斯科维克（Leskovik）。这样就给希腊最高统帅部在科尔察高原和奥斯峡谷之间建立起一个极好的前线阵地。12月5日，希腊第2军发动勇猛攻击，深入阿尔巴尼亚境内23英里处。在左翼，希腊第1军在克玛斯(Kosmas)将军的指挥下跨过夏墨斯河，追击意大利第11集团军。希腊军队进入德林山谷（Dhrin valley），当地阿吉诺卡斯敦（Argyrokastron）族民众热烈欢迎——这对亚科莫尼是个莫大讽刺，因为他曾经对墨索里尼说，阿尔巴尼亚人深深地忠诚于意大利。就在2天前，克玛斯指挥的左翼部队占领了萨兰德（Sarande），从前这个地方叫桑蒂夸兰塔（Santi Quaranta），后来意大利法西斯分子又改名为波多艾达（Porto Edda）。

12月5日之后，希腊的攻势逐渐减弱。希腊军队缺少坦克和反坦克武器，所以他们不得不躲避平原和山谷，希

腊的精锐步兵都集中在山顶进行作战。然而，进入12月份后，山区的温度下降到摄氏－15℃~－20℃，后来又下了几场大暴风雪，情况更加严重。

由于缺少坦克和交通工具，希腊人如今开始有敌人曾有过的困难。英国此时也缺少物资，无法与新盟友分享。另一方面，在10月28日至12月底之间，意大利军队获得了8个师的援兵。然而，索杜在前线的要求下，过多地把援兵分成小股部队谋求局部突破。此外，给意大利增援部队提供军需品的工作做得很差。

虽然意大利增援部队多了，但供应情况没有改善，于是新问题跟着而来。12月4日，主管军需的斯库罗（Scuero）将军报告说弹药库完全空了。

无人能剥夺希腊士兵的胜利桂冠。但是，考虑到意大利部队遭受的困境，希腊士兵已经赢得了暂时的胜利。

塔兰托

与此同时，与希腊军队一样，英国地中海舰队也给予意大利一记重击。就在“卓越”号航母开始接受坎宁安调遣的时候，他发现驻扎在塔兰托的意大利空军部队缺少进攻精神。于是英国人准备了一次空投鱼雷攻击，这就是所谓的“判决”行动。

利斯特（Lyster）海军少将是英国地中海舰队航母编队的司令官，他最初想在10月21日发动攻击，借以庆祝特拉法尔加大海战。然而，由于“卓越”号航母甲板出了事故，必须把“判决”行动拖延到11月11日，这时月光对行动有利。

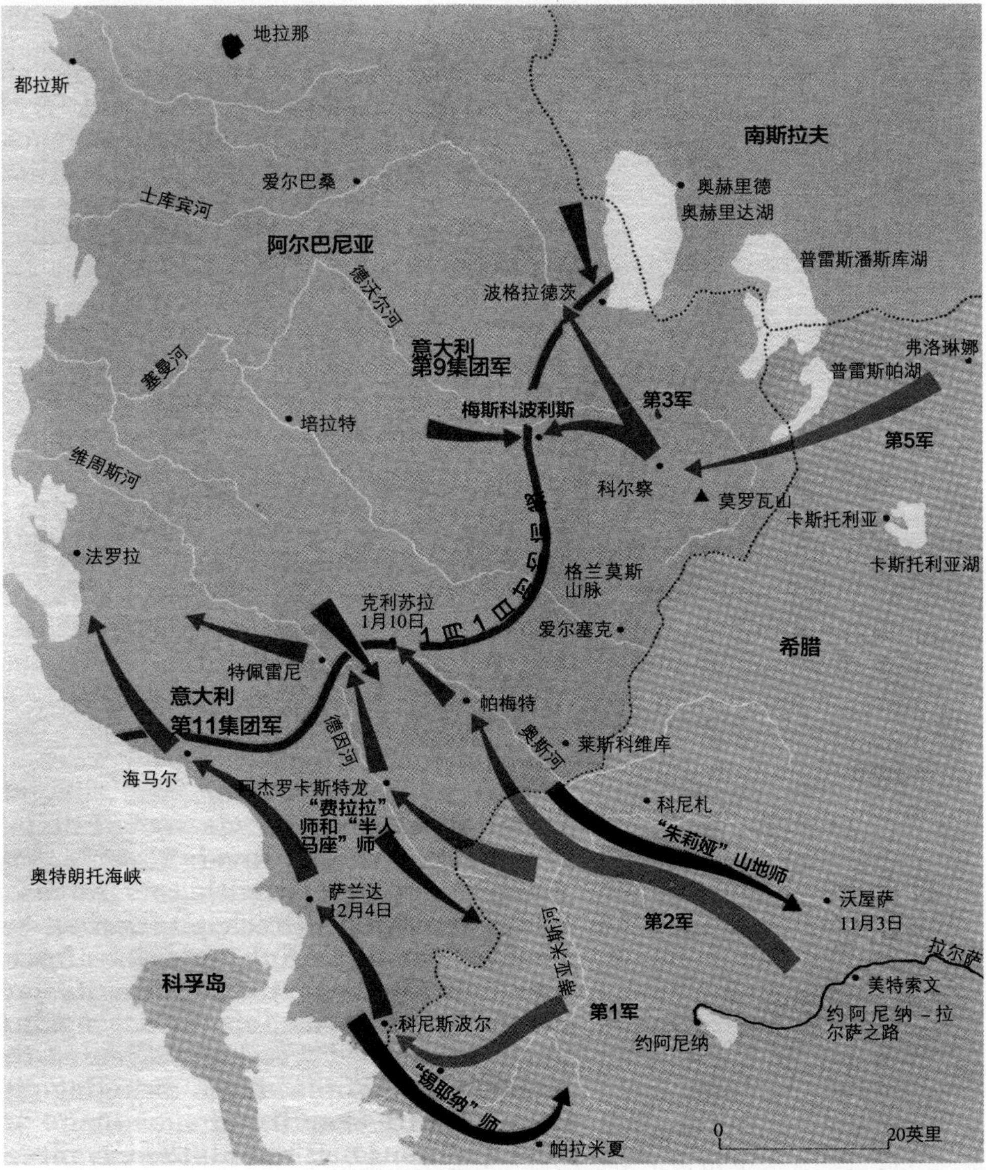

↑意大利入侵和希腊反击示意图。希腊军队司令官帕帕戈斯将军总能利用完美的机会进行反击。

后来，“鹰”号航母也不能参战，利斯特只好转移几架“剑鱼”飞机到“卓越”号航母上。尽管发生了这些事故，坎宁安决定11月6日出海，并与“H”舰队一道行动。此时“H”舰队正在东地中海为“巴勒姆”号战列舰护航。

11月11日夜晚，马丁·马里兰和肖特·森德兰从马耳他起飞进行了一次空中侦察，发现有6艘意大利战列舰停泊在塔兰托港内。利斯特在航行到距离塔兰托190英里远处时，让21架“剑鱼”分两批升空，其中11架有鱼雷，另外10架有炸弹和照明弹。

↑意大利军队在阿尔巴尼亚的司令官是索杜将军。他在夜晚喜欢做一些为电影谱曲的非军事爱好。

有几个因素对进攻者有利。几天前，一场大风暴来袭，吹跑了塔兰托锚地上空的阻滞气球。意大利的防鱼雷网只能保护战舰26英尺深的水域，而英国鱼雷能下潜到30英尺深，既可以是接触性引爆，也可以是磁感应引爆。最后，警报响了之后，意大利人没有释放烟幕，因为他们不愿烟幕妨碍防空炮。英国舰队飞行员必须凭勇气猛冲，因为他们需要穿越21组意大利100毫米炮台射出的炮火和200门轻型防空炮射出的炮火，这些炮火与战舰上的炮火明显不同。尽管如此，他们找到了目标，准确地投下了鱼雷。

英国人一共投了11枚鱼雷，其中6枚命中目标：3枚命中“利托里奥”号，2枚命中“杜伊利奥”号，1枚命中“加富尔”号。最后一架“剑鱼”飞机于凌晨3点返回“卓越”号航母。英国人仅损失2架飞机。意大利地面炮火一共发射了8500发炮弹。英国飞行员有1名阵亡，3名被俘。“利托里奥”号和“杜伊利奥”号退出服役6个月，需要进行大修。“加富尔”号的船龄比较长，被打捞起来后，从塔兰托一直拖到的里雅斯特，最后被抛弃在那里。在1941年夏季之前，意大利舰队只剩下3艘战列舰了，这使得坎宁安可以释放出老式的“拉米利斯”号战列舰、“马来亚”号战列舰去有紧急情况的大西洋航线执行护航任务。

这一系列的灾难导致意大利最高统帅部处于混乱之中。墨索里尼没有去追究真正的原因——其实真正的原因就是他自己的虚荣——却决定把巴多格利奥元帅当作是替罪羊。然而，作为意大利军队的总司令，墨索里尼不可能公诉自己的总参谋长，于是他让法西斯党报的主编罗伯托·法里纳奇在报纸上发表文章恶意指责巴多格利奥，不仅指责他无能，还指责他用无知或蓄意通敌去背叛墨索里尼的信任。巴多格利奥要求撤回公开指责。11月26日，因要求被拒，巴多格利奥辞去了职务。

乌戈·卡瓦莱罗（Ugo Cavallero）将军取代了巴多格利奥。这位新总参谋长，不仅被齐亚诺在日记中大肆中伤，其他意军将领也对他颇有微词。他曾经涉足军火工业，名声不佳。阿图罗·里卡尔迪（Arturo Riccardi）取代卡瓦格纳日海军上将，成为新的意大利海军司令官和海军部大臣，卡瓦格纳日被公众认为应该为塔兰托惨败负责。最后，德费奇辞去了爱琴海总督的职务，由埃托雷·巴斯蒂科（Ettore Bastico）将军取而代之。

希特勒感到愤怒，因为这一系列灾难是由自己的朋友和盟友带来的。然而，德国在这一地区的利益迫使德军无法置之不理。11月18日，希特勒在伯格霍夫别墅（Berghof）会见齐亚诺的时候说：从前，他只需派遣军

队去罗马尼亚保护普洛什特油田不受苏联阴谋的伤害；如今，如果英国在希腊建立机场，那么这个油田就会在皇家空军的攻击范围之内。所以，希特勒建议从保加利亚入侵希腊，进攻时间暂定在3月15日。

↑“食雀鹰”SM-79是意大利轰炸机的主要机型，样子不好看，但很有效。

不过，希特勒的新计划要求墨索里尼彻底地逆转对待南斯拉夫的政策。墨索里尼不能再像过去那样对南斯拉夫采取敌意，而必须让这个国家进入轴心国阵营。然而，齐亚诺对希特勒的政策也有保留，因为他不愿希特勒在巴尔干地区进行军事干预。齐亚诺认识到，从现在起，意大利不能仅凭借自己的兴趣发动战争了，未来德国和意大利之间是主仆关系。

齐亚诺离开贝希特斯加登（Berchtesgaden）的第二天，希特勒和里宾特洛甫就向西班牙外交部长塞拉诺·斯诺尔摊牌了。11月12日，希特勒下达命令，“费利克斯”

行动开始启动，这个行动的目的就是攻占直布罗陀。绝不能再浪费时间了，要把佛朗哥的意志鼓动起来。

斯诺尔再次复述了他在昂代说的理由。攻占直布罗陀，他宣称，意义不是特别大，除非意大利能占据埃及的塞得港（Port Said），那里是进入地中海的另一个关键入口。此外，西班牙需要大约40万吨谷物和2个月的准备时间。虽然希特勒很有说服力，但仍然无法使斯诺尔改变看法。当斯诺尔离开伯格霍夫别墅的时候，他没有接受什么——也许更为重要的是——他也没有拒绝什么。

意大利在科尔察和塔兰托的失败，肯定影响了佛朗哥的决心。还不到一个月之后，意大利又在西迪巴拉尼战败，佛朗哥下定决心采取不参战的策略。

向埃及增兵

1940年12月，虽然韦维尔放弃了他从6月25日开始就把守的防线，但依靠发动进攻赢得了胜利，迫使希特勒向其要摇摇欲坠的盟友派遣援兵，而此时战争才开始仅6个月。

这段战争历史有许多不为人知之处，但安东尼·艾登（Anthony Eden）的回忆录能给出惊人的回答，他当时是英国陆军大臣。艾登对韦维尔准备进攻西迪巴拉尼这件事有几句不得不说的话，艾登的话与丘吉尔在他的《第二次世界大战》一书中所写的截然不同。

“一名平庸的上校肯定是个保守党好领袖。”这话是丘吉尔说的，说话时间是在韦维尔于1940年8月8日至15日之间访问伦敦之后。不仅如此，丘吉尔还说了更难听的话。丘吉尔在给艾登写的信中，说他感觉不到韦维尔有

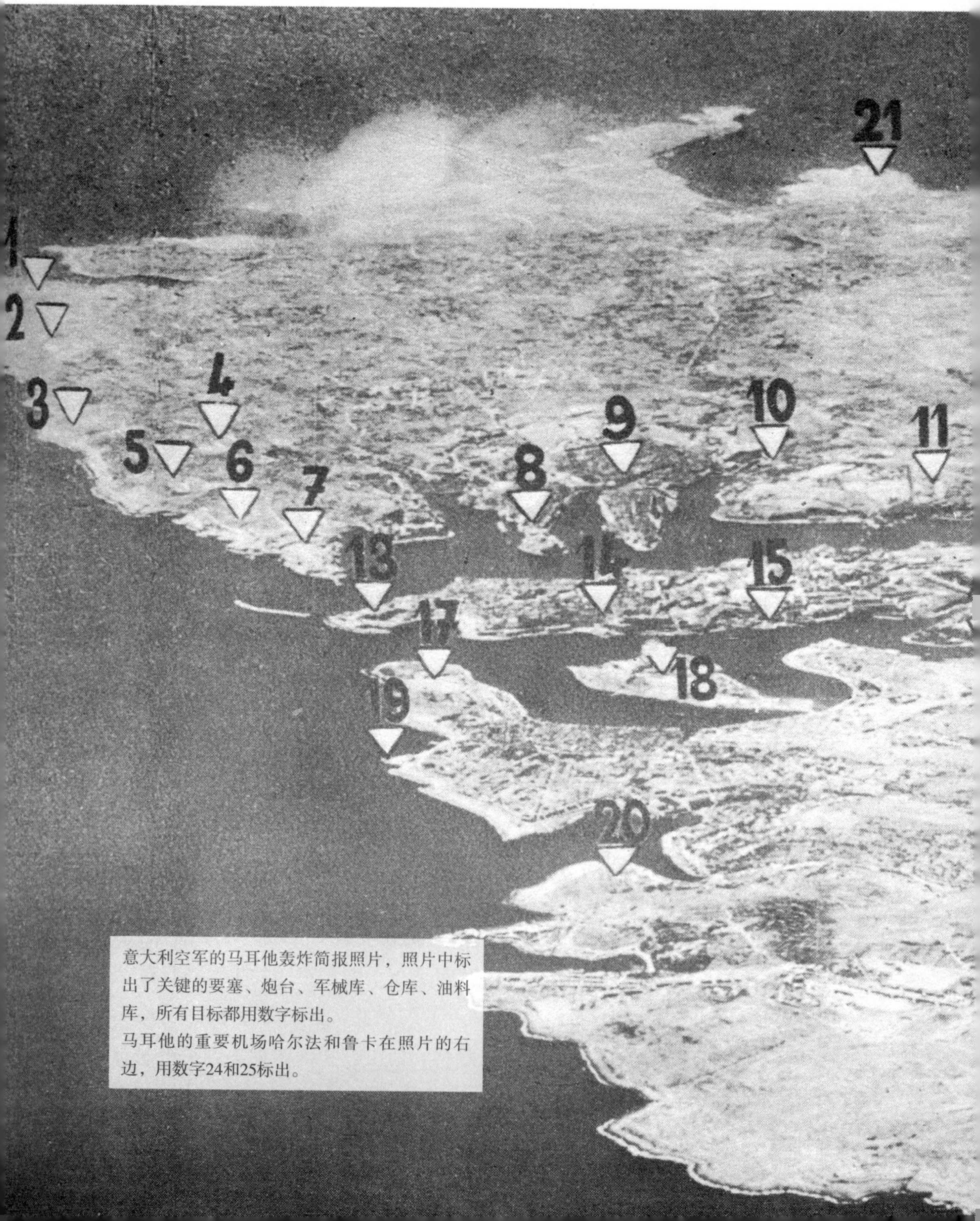

意大利空军的马耳他轰炸简报照片，照片中标出了关键的要塞、炮台、军械库、仓库、油料库，所有目标都用数字标出。
马耳他的重要机场哈尔法和鲁卡在照片的右边，用数字24和25标出。

24
25

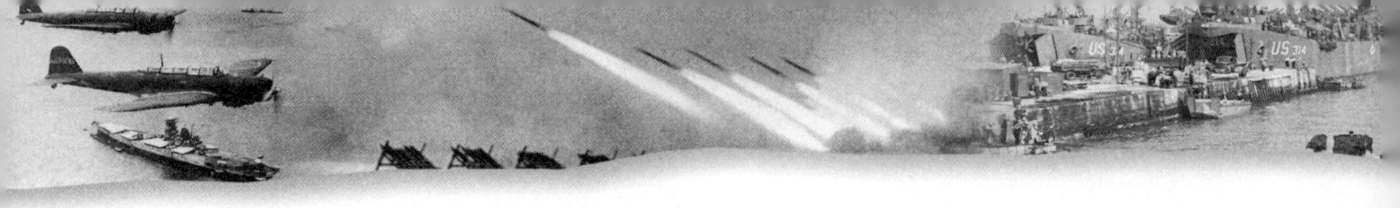

“克服困难的勇气和决心，而这两样东西对打胜仗是必须的”。此外，丘吉尔总是想审查韦维尔的军事部署情况，这让韦维尔感到“很心烦”。韦维尔想到了辞职。

丘吉尔在《第二次世界大战》一书中尽量掩盖这段冲突，而实际情况证明他是全错的。然而，当读者在看完丘吉尔在第二次世界大战结束后多年写的书，能留下印象的仅是他在当时做出的英雄决定——就在英国即将受到入侵的前30天（预计在1940年9月中旬），他做出了削弱英国本土防卫而给在埃及作战的韦维尔增兵的决定。

丘吉尔想通过地中海送往埃及的增援部队总共有3个

←塔兰托袭击之后。在塔兰托港的侦察照片中，袭击发生后的第二天，有几艘巡洋舰在港口内停泊。水面上漂浮着厚厚的燃油。一艘拖轮正忙着拖拉一艘“博尔扎诺”级重型巡洋舰的尾部（4）。其他几艘被炸残废的重型巡洋舰是“特兰托”级的（5）。一艘“特兰托”级的战舰被转移到了码头区（3）。有3艘仍然停泊着的大船是“扎拉”级的重型巡洋舰，它们逃过了这一劫。在港口外，“利托里奥”号战列舰和“卡约·杜伊利奥”号战列舰休战长达6个月的时间。“凯沃尔”号战列舰受损严重，此后再也没有出过海。

→ 油画《塔兰托》，作者巴格利（Bagley），用戏剧化的手法重现了那场1940年年末爆发的摧毁意大利海军优势的战役。

坦克团（154辆装甲战车），还包括有48门反坦克炮、48门25磅野战炮。海军部认为这件事风险太大，所以拒绝承担运输任务。最后，这支增援部队只好借道好望角。9月19日，他们进入红海，没有遇到驻扎在马萨瓦（Massawa）的意大利海军的攻击。驻中东的英国空军也获得了增援。从1940年8月底至12月底，有107架“飓风”战斗机和“布伦海姆”轰炸机通过海运到加纳黄金海滩上的塔科腊迪（Takoradi），然后再分几段飞越非洲大陆到尼罗河上的喀土穆（Khartoum）。当法属赤道非洲走向了戴高乐领导的事业后，特别是当重要的中转站拉密堡（Fort Lamy）也跟进了后，塔科腊迪空中航线就有可能成为关键的供应线了。

韦维尔的机会

“如果意大利人不发动进攻如何？”艾登在10月15

日去开罗访问韦维尔的时候问道。为了回答这个问题，韦维尔叫来亨利·梅特兰·威尔逊爵士（Henry Maitland Wilson），此人是英军在埃及的司令官。韦维尔请威尔逊向艾登解释英军进攻计划——或者说是战略包围计划——这个计划就是要应对意军在西迪巴拉尼坚守不出的情况。

此时的局势应该评述一下。由于意大利进攻了希腊，这导致伦敦和英军开罗总部出现了紧张情况。英国战时内阁要求给予埃及援助；韦维尔和空军元帅、英国在地中海和中东地区空军司令官亚瑟·朗莫尔爵士（Arthur Longmore）都不愿意，因为他们的资源有限，但最终还是在2个月内派遣了63架战斗机、46架轰炸机去希腊。

在罗马与的黎波里之间同样存在摩擦和冲突。墨索里尼向格拉齐亚尼施压，要他再不能推延，马上进攻马特鲁。然而，格拉齐亚尼要求等待再增加3个机械化营的援兵，包括装甲车和运水车。墨索里尼非常生气，他在10月21日告诉格拉齐亚尼，如果胆敢再提出反对意见，就马上

←初次体会未来的艰苦：英国增援部队抵达了埃及，他们刚结束途径好望角的漫长海上旅行，还没有消除疲劳，就马上在中转营里进行队列训练，四周是贫瘠的大地，天气热得烤人。

提出辞呈。不过，这件事最后不了了之了，因为希腊前线发生了灾难性的结果。

意大利冒险进攻希腊，结果是一场灾难，西非沙漠的战事也受到了影响。意大利必须向阿尔巴尼亚紧急运送军需品，结果削减了本来可以用于恢复北非作战的机动部队的物资。所以，墨索里尼要对12月9日的惨败负有很大的责任，但格拉齐亚尼、贝尔蒂、加里博尔迪也犯了不可饶恕的错误。

西迪巴拉尼战役

驻扎在西迪巴拉尼的意军在部署上有严重的弱点。第一条防线是加利纳（Gallina）将军的利比亚军，防线长约19英里，从海边的马克提拉(Maktila)延伸到沙漠边的尼贝瓦（Nibeiwa）。预备部队是梅萨里（Merzari）指挥的“1月3日”黑衫师，驻扎在西迪巴拉尼，距离有待支援的部队有12英里远。第二条防线是第21军[达尔马佐（Dalmazzo）将军]，其下属的“昔兰尼”师驻守在悬崖上，地点在尼贝瓦西面20英里处。两条战线之中偶尔有巡逻部队走动。

意军的这种部署是薄弱的，很容易受到装甲部队的攻击。意军缺少在24小时内进行调整的能力，有人开玩笑说，意军是一支“机械化步行”军队，所以很容易被摧毁。此外，地面到处是石头，无法挖反坦克沟堑。意军的地雷也不够。只有很少量的47毫米反坦克炮，无法抵御敌人的装甲进攻。

由于意大利情报部门没能掌握英国人的作战计划，局势变得恶化起来。格拉齐亚尼相信英军足有20万人——这

德国坦克三号F型

重量：19.25吨　机组：5人

武器：1门5厘米KwK39 L/42 99发炮弹，2门7.92毫米炮MG34机关枪，3750发子弹

装甲：最厚处30毫米，最薄处16毫米

发动机：一台迈巴赫HL120TRM12缸300马力

速度：每小时25英里　距离：105英里

长度：18英尺　宽度：9英尺9英寸　高度：8英尺1英寸

个数字太夸张。然而，在这种情况下，格拉齐亚尼竟然还允许贝尔蒂在11月底返回意大利。在前线，英军在原先步行训练的基础上逐渐加大了机械化部队巡逻，这竟然也没引起意军在12月9日之前改变部署。

到了12月9日，意军再做任何调整都迟了。9日凌晨，英国第7装甲师和第4印度师从沙漠中的集结地（被称为“伦敦皮卡迪利广场”），冲向意军两条战线之间的空隙。另一方面，塞尔比（Selby）指挥一个旅的兵力冲向海边的马克提拉。这几支英国部队，都隶属于后来很快为世人所知的英国第8军，其指挥官是理查德·奥康纳（Richard O’Connor）中将，他手下仅有36000人和225辆装甲车；装甲车中有57辆“玛蒂尔达”（Matilda）步兵坦克，这种坦克的装甲很厚，意大利人的炮弹无法穿透。

第4印度师和“玛蒂尔达”坦克营进攻了尼贝瓦，守

卫尼贝瓦的是马莱蒂（Maletti）的机械化团。意大利人大吃一惊，炮声和飞机轰炸声淹没了坦克发动机的轰鸣和履带的噪音，英国人不仅从西南还从西面同时发动了进攻。马莱蒂将军负了重伤，但坚持战斗，直到战死在阵地前。到了8点30分，战斗就结束了。在贝雷斯福德－皮尔斯（Beresford－Peirse）将军指挥下，第4印度师付出仅56人战死的代价，却俘虏了2000人。

佩斯卡托里（Pescatori）将军指挥的第2利比亚师驻扎在图马尔（Tummar），打算一旦英国人开始进攻，就向有英国人枪声的地方出发。然而，第4印度师和“玛蒂尔达”坦克营没等第2利比亚师出发就先来了。第2利比亚师被击退，后来在佩斯卡托里的领导下发动勇敢的反击，但在英军的炮火打击下溃不成军。图马尔的西部在下午陷落，东部却一直抵抗到10日的凌晨。

↓ 沙漠之王逃跑了：一幅德国漫画，它讽刺了1940年8月英军在索马里兰被强大的意大利军队赶跑。

12月9日夜晚，考特陆军准将（J.A.L. Caunter）的第7装甲师抵达了海边，截断了第2利比亚师余部撤退的道路。面对着西迪巴拉尼，塞尔比的部队把西比尔（Sibille）将军的第1利比亚师扔出了马克提拉的阵地。清理马克提拉包围圈的工作在英国海军提供的炮火下展开，于11日夜晚全部清理完毕。

同一天，格拉齐亚尼命令第21军立即后撤到哈尔发－塞卢姆－卡普佐一线。

“昔兰尼”师及时收到命令，后撤

过程没有遇到困难。然而，斯皮内利（Spinelli）将军的“卡坦扎罗”师，由于接收到的命令有误，而遭遇截然不同——在从布格布格（Buqbuq）向塞卢姆运动过程中受到袭击，一半兵力被消灭了。

上述失败造成意大利第10军的损失大幅提高，被俘人数高达 38000 人，同时还损失了237门炮、73辆坦克。英国仅伤亡和失踪了624人。奥康纳的部队刚取得这场基本上没有痛苦的辉煌胜利，其实力马上就被削弱了，因为优秀的第4印度师被抽调去厄立特里亚（Eritrea）与意大利人打仗。

现在看来这是个错误。在非洲东部，奥斯塔公爵是阿比西尼亚总督，他的部队非常薄弱，英国和埃及部队不必害怕他的部队。肯尼亚的情况也类似。第4印度师在非洲西

← 英国和意大利在西迪巴拉尼周围进行战斗，战斗进行到12月中旬，塞卢姆港落入英国人之手。背景中的沙坡表示海岸线的边缘。

部的沙漠没有发挥应有作用。

应该谴责韦维尔吗？应该。当奥康纳后撤到马特鲁之后，“罗盘”行动只进行了5天，而该行动的预定目标是进攻驻扎在西迪巴拉尼的意大利人。然而，这件事英国高层也要负责。英国战时内阁极为关注阿比西尼亚，而丘吉尔当时正试图引诱皇家总参谋部展开名为“车间”的行动，其目的是攻占地中海上意大利人的潘泰莱里亚岛（Pantelleria）。

第6澳大利亚师（ 师长是I.G. 麦凯将军）取代了第4印度师在第8军中的位置。然而，奥康纳没有等这支澳大利亚部队到达，就对因战败而组织混乱的意大利部队展开全面进攻，并于12月14日跨过卡普佐南面的前线，指挥

↑在西迪巴拉的战斗中，英军士兵从运输车上跳下来，向意大利军队的侧翼发动进攻。这次是英军在沙漠战中的第一次胜利。

→关键时刻：焦急的士兵等待维克斯生产的马克6型坦克向意大利军队发动攻击。

装甲部队和机械化部队向北进攻，于18日进攻拜尔迪耶（Bardia）。拜尔迪耶，周长24英里，主要由贝尔贡佐利的第23军把守，还收容了一些部队的残部，包括从埃及来的“卡坦扎罗”师的残部、“昔兰尼”师的残部，还包括特拉基亚（Tracchia）将军的“迈尔迈里卡”师、安东内利（Antonelli）将军的“3月23日”黑衫师——总共45000人和430门炮。

12月18日，麦凯的第6澳大利亚师加入了第8军。轴心国的未来一片黑暗，因为拜尔迪耶在1941年年初陷落：即使伦敦在12月30日至31日夜晚遭受第一次炮火袭击也没能改变交战双方的力量平衡。在那些居住在被占领欧洲领土或受威胁领土上的人群中，大家普遍有一种感觉，打败墨索里尼仅是个时间问题，接下来希特勒也将被打败。

然而，考虑到大英帝国此时在军事上仍然处于劣势，离胜利有很长的路要走……

↓韦维尔向利比亚发动了进攻，包围了意大利第10集团军，俘虏了38000意大利人，这些俘虏在英国兵的看护下向开罗行进。

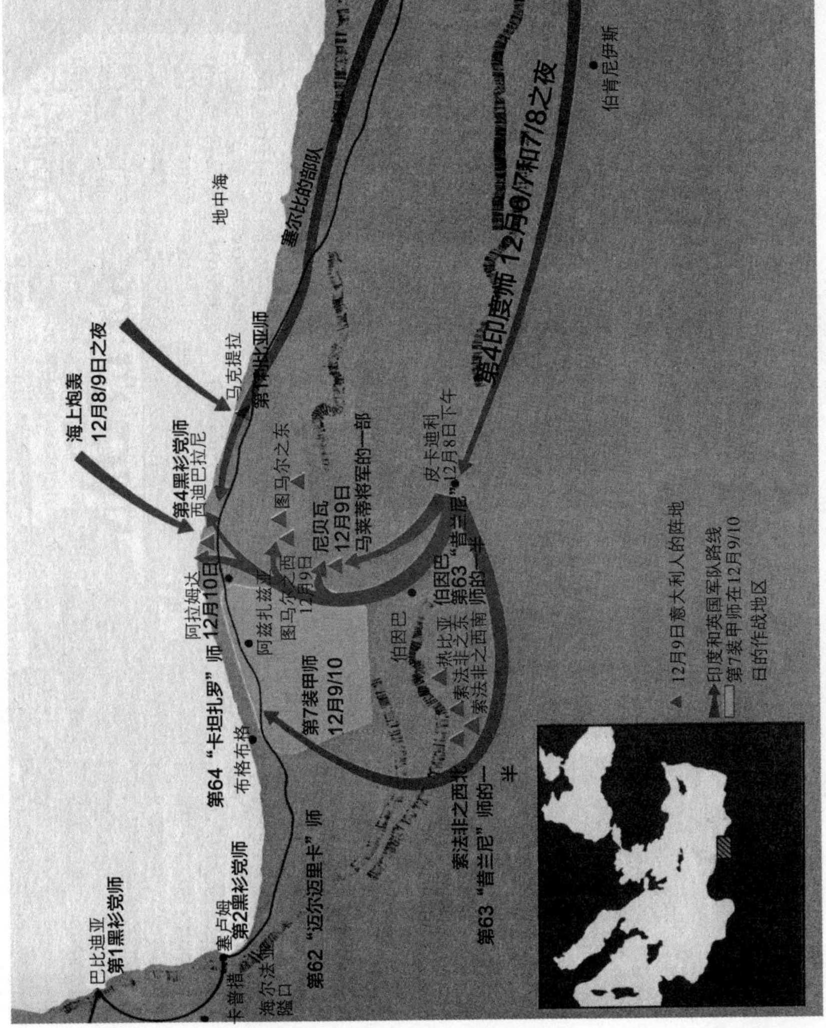

↑突然反击：韦维尔向驻守西迪巴拉尼的意大利军队的侧翼发动突然袭击，这使得英军有机会深入意大利人的殖民地利比亚。

↓在托布鲁克被俘的意大利战俘正在向战俘营行进。

第四章

的黎波里处境危险

英国政府在明确地了解到希腊的意图之后，就不再试图说服希腊政府。1月21日，这天也是进攻托布鲁克的日子，伦敦停止了对希腊的所有承诺，给英军在开罗的总部下达命令，要求立即恢复对班加西（Benghazi）的进攻。

在西迪巴拉尼受到攻击之后，格拉齐亚尼元帅认为昔兰尼加变得无法防御，建议退守的黎波里，让苏尔特沙漠（Sirte Desert）把他的第10军和尼罗河集团军隔离开来。后来，意大利最高统帅部希望格拉齐亚尼更加乐观一些，于是他开始动手在昔兰尼加修建临时防御工事。但是，坦白地说，他没有把这件事做好。他把第10集团军分成3个部分：第23军驻守拜尔迪耶，第22军驻守托布鲁克，第20军（康纳将军）在默基利（Mechili）至德尔纳（Derna）一线进行防御。这种部署意味着，第10集团军有可能被兵力相对弱小的敌人各个击破。

到了1月9日，虽然第23军在拜尔迪耶（Bardia）受重创，但格拉齐亚尼一改从前的悲观情绪，显露出乐观情绪。事实上，阿赫达尔山（Jebel Akhdar）是位于默基利和德尔纳之间的一座高山，有1650英尺高，很不适合机械化部队作战。

格拉齐亚尼在德尔纳部署了一个步兵师，在默基利部署了由巴比尼（Babini）将军指挥的装甲旅。他认为这样部署能有极好的机会阻止英军向班加西推进。然而，他忘记了一个事实，这两支部队必须孤军奋战，因为被阿赫达尔山隔离开来不能相互增援。

1月24日，第6澳大利亚师接近意军在德尔纳的阵地。与此同时，虽然英国坦克的状态极度不佳，但第7装甲师

依然向巴比尼的装甲旅发动攻击。意军是14吨重的坦克，英军是12.5吨重的坦克，双方的坦克数量相同，意军在坦克战中惨败，并向阿赫达尔山退却，目的是防止被英军包围。但英军因此而获得一条宽敞的道路，直接通向意军沿着海湾和苏尔特沙漠的供应线。为此，格拉齐亚尼在2月1日决定放弃昔兰尼加西部。加里博尔迪将军受命去的黎波里组织该省的防御，泰莱拉（Tellera）将军则接替他成为第10集团军的司令官。

默基利距离苏尔特湾附近的贝达富姆（Beda Fomm）有140英里。沿着海边的道路，从德尔纳至贝达富姆需要走225英里。然而，意军撤退有捷径，即沿着海边的巴尔比亚之路(Via Balbia)。英军从默基利向贝达富姆进军，只能走一条没有勘查过的道路，路标很糟糕，看不清哪里有流沙堆或乱石堆。

福熙元帅曾经说，“战争是被幸存者打赢的”。奥康纳将军和奥摩尔将军（第7装甲师师长）虽说从来没有听说过这句格言，但他们的行动证实了它。2月4日15点整，第11轻骑兵团（考姆比上校团长）到了穆苏斯（Msus），距离巴尔比亚之路只有60英里远。5日黎明，他们在获得炮火支援之后，沿着一条能去安特莱特（Antelat）的道路前进，中午时分抵达贝达富姆，此时比一支从班加西沿着巴尔比亚之路撤退的意大利纵队提前了半个小时。2月6日，双方展开激战，战斗场面异常混乱，意大利人拼命攻击挡住他们退路的英国部队。

战斗终于在2月7日9时整结束了。奥康纳给韦维尔发去一份明码电报报告战况，同时也是为了启蒙一下墨索里尼：“狐狸在野外被杀了。”泰莱拉将军负了重伤，几个小时后死亡；第10集团军的军部、康纳将军、巴比尼将军被俘虏。加布里波第将军也被俘了：他在拜尔迪耶陷落后试图穿越澳大利亚人的阵地逃跑。总共有20000名意大利士兵被俘，被缴获的武器包括112辆11吨或14吨M11和M13中型坦克、216门炮、1500辆汽车。

2月3日，英军抵达了阿盖拉（El Agheila），苏尔特湾的底部。这个地方非常重要，因为此处只有一条15~20英里宽的狭窄通道供坦克在沙漠和大海之间通过。由于英国第8军占领了这个地方，英军就比较容易去攻占的黎波里塔尼亚（Tripolitania），或者去守卫昔兰尼加地区。

↑格拉齐亚尼元帅于2月10日被免职。

韦维尔原计划只打5天仗，但后来变成长达2个月的战役。奥康纳在4场冲锋战中前进了560英里。虽然他手下只有2个师的兵力，但消灭了意大利一个集团军（4个军，总共大约有9个师的兵力）。他的损失只有500人战死、1373人负伤、56人失踪。他俘虏的意大利战俘共有13万人，其中包括22位将军和1位海军上将。他缴获或摧毁了敌人845门大炮和380辆坦克。这是第二次世界大战中第三次证明古德里安对希特勒讲的那句话是真的：“坦克这种武器能节省士兵的性命”。

格拉齐亚尼下台

2月10日，格拉齐亚尼接到命令，要求他把指挥权交给加里博尔迪将军，然后返回意大利。格拉齐亚尼在战争中的行为受到了一个委员会的质询，委员会的成员尽是些糊涂蛋，他们的质询结论像他们自己一样糊涂。但是，此时

1940年的大西洋

在1940年1月1日至3月31日之间，只有108艘商船（总共343610吨货物）被德国潜艇击沉。有8艘德国潜艇在这段时间里被击沉。从11月起，皇家海军实施了海上封锁，从冰岛至奥克尼岛，没有一艘德国水面舰只能通过。磁感应水雷的威胁被也基本消除了。到了1940年年底，德国海军大元帅雷德尔能使用大西洋上从特罗姆瑟（Tromso）至让德吕兹（Jean－de－Luz）之间所有港口，而皇家海军的主要战舰都在地中海作战。德国缺少强大的水面舰艇充分发挥手中掌握的港口的战略意义，但皇家空军却有能力对这些港口进行轰炸。不过，德国潜艇却利用这些大西洋的港口延长战斗时间一周。德国海军上将邓尼茨在克尼佛（Kerneval）建立了指挥中心，用强大的无线电指挥攻击盟国的商船队。在1940年7月至12月之间，有285艘船只被击沉。英国需要更多的驱逐舰，后来英国把战略基地租给美国才换回了50艘。德国扩大潜艇生产的速度也放缓下来，空中掩护也显得不足：潮流开始变得对英国有利起来。

很难再给予格拉齐亚尼完整的指挥权了，因为那样就意味着意大利首领犯了错。格拉齐亚尼的作战指挥确实非常平庸；这可能是他仍然受着伤口的煎熬，1938年，他在亚的斯亚贝巴(Addis Ababa ，埃塞俄比亚首都)遭人投掷手榴弹负伤。然而，他面临的最大问题是缺少现代武器，这与几个月前法国战役期间甘末林的处境一样。

德国空军发动打击

12月27日，西迪巴拉尼战役结束后，格拉齐亚尼曾经

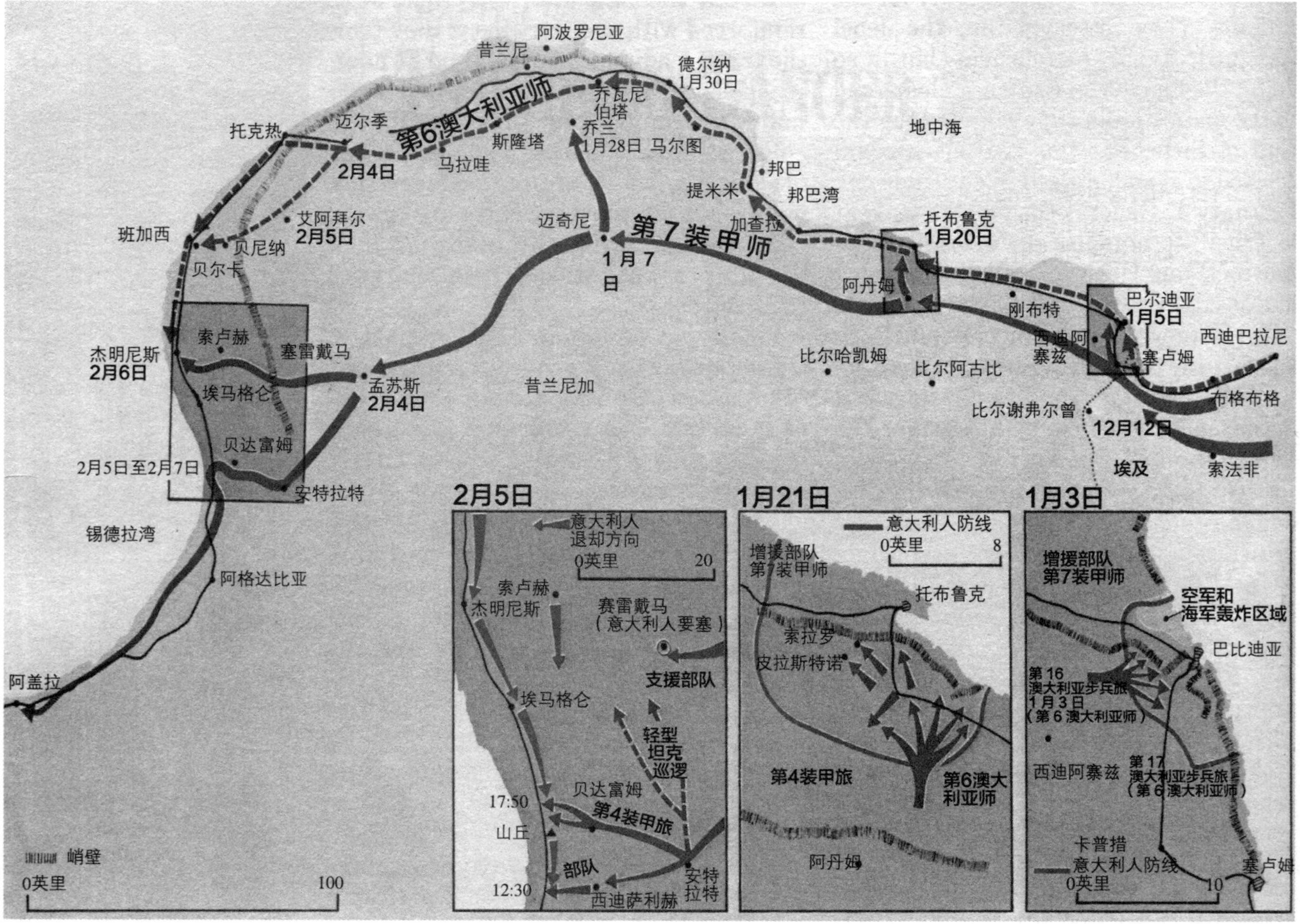
地中海
阿波罗尼亚
昔兰尼
德尔纳
1月30日
第6澳大利亚师
乔瓦尼
伯塔
乔兰
1月28日
马尔图
迈尔季
托克热
斯隆塔
马拉哇
2月4日
邦巴
提米米
邦巴湾
加查拉
托布鲁克
1月20日
第7装甲师
迈奇尼
1月7日
艾阿拜尔
2月5日
班加西
贝尼纳
贝尔卡
阿丹姆
刚布特
巴尔迪亚
1月5日
西迪巴拉尼
西迪阿寨兹
塞卢姆
索卢赫
塞雷戴马
杰明尼斯
2月6日
孟苏斯
2月4日
昔兰尼加
比尔哈凯姆
比尔阿古比
布格布格
埃马格仑
比尔谢弗尔曾
12月12日
贝达富姆
2月5日至2月7日
安特拉特
埃及
索法非
锡德拉湾
阿格达比亚
阿盖拉
峭壁
0英里
100
2月5日
意大利人
退却方向
0英里
20
索卢赫
杰明尼斯
赛雷戴马
（意大利人要塞）
支援部队
埃马格仑
轻型
坦克
巡逻
贝达富姆
17:50
第4装甲旅
山丘
部队
安特
拉特
12:30
西迪萨利赫
1月21日
意大利人防线
0英里
8
增援部队
第7装甲师
托布鲁克
索拉罗
皮拉斯特诺
第4装甲旅
第6澳大利亚师
阿丹姆
1月3日
增援部队
第7装甲师
空军和
海军轰炸区域
巴比迪亚
第16
澳大利亚步兵旅
1月3日
（第6澳大利亚师）
西迪阿寨兹
第17
澳大利亚步兵旅
（第6澳大利亚师）
卡普措
意大利人防线
0英里
10
塞卢姆

↑从西迪巴拉尼到阿盖拉。

海军上将安德鲁·坎宁安（Andrew Cunningham）爵士，生于1883年。坎宁安在1939年是英国地中海战区总司令。当意大利参战后，他发现敌人的兵力比他的多，自己在战略上和供应上都居于劣势。他迅速采取措施从海上和塔伦托打击意大利人，保证了自己右翼的安全。1943年，在艾森豪威尔的领导下，他成为盟军的海军总司令。同年，他成为英国海军大臣。

试图向墨索里尼解释战局。“从目前严峻的战局看，”他写道，“我们必须认识到，在这个战场上，一个装甲师比一个集团军更强大。”

即将发生的事证明格拉齐亚尼的预言。

德军最终决定介入地中海战场，德军最高统帅部派遣第10航空队进驻意大利的西西里和卡拉布里亚。

1940年12月，德国空军的盖斯勒（Geissler）将军在陶尔米纳(Taormina)设立总部。他的飞行中队分布在卡塔尼亚（Catania）、科米索（Comiso）、马尔萨拉（Marsala）、特拉帕尼（Trapani）、巴勒莫（Palermo）、卡拉布里亚雷吉（Reggio di Calabria），其中还包括意大利的45架轰炸机和75架战斗机。此外，意大利空军在撒丁岛上还有70架轰炸机、25架战斗机。这些轴心国的飞机能够在地中海中部进行作战，这块区域在波恩角（Cape Bon）处最窄有90英里宽，在西西里的马尔萨拉则足有400英里宽。

正常情况下，这支空军部队应该受意大利空军总部指挥。但是，戈林不愿意这样，因为他要控制自己的飞行员。所以，可以肯定他一定会不断干预作战指挥，在作战中引发矛盾冲突。

皇家空军在马耳他的实力是比较弱的。当德国第10航空队向南移动的时候，英国空军在马耳他的防御力量只有10架“剑鱼”、16架“飓风”、16架威灵顿双引擎轰炸机、几架美国生产的“马里兰”轰炸机/侦察机。不可否认，此时有一条船运输16架“飓风”正随同下一期护航船队从直布罗陀过来，但仍属杯水车薪之举。

英国展开的“超额”行动，给盖斯勒将军及其飞行员一次成名的机会，这次行动是从1月6日开始的。萨默维尔海军上将的任务是护送4支护航商船队从直布罗陀去地中海（有1支的目的地是马耳他，其余是希腊）。坎宁安海军上将将利用英国“H”舰队在西地中海的机会送2支商船队去马耳他。与此同时，他的舰队将派遣2艘巡洋舰参加护航任务。随后，他将负责对从直布罗陀去希腊的商船队进行护航。

当2支英国护航商船队从东和西两个方向在马耳他会合的时候，驻扎在马耳他的轰炸机在1月8日至9日间对那不勒斯进行了空袭。这次空袭的目标是那些从塔兰托袭击幸存下来的意大利战舰。“朱利奥·凯撒”号的底部漏水，因为当时有一枚炸弹在港口的水底爆炸了。这艘战舰不得不远航到热那亚去修理。“维托里奥·维内托”号逃脱了，毫发无损，但意大利海军总部决定把它转移到拉斯佩齐亚（La Spezia），那里不再是驻扎在马耳他的英国轰炸机的攻击范围内。然而，这使得“维托里奥·维内托”号不能参与突尼斯与西西里之间狭窄海域上的战斗。

“H”舰队执行这次任务很顺利，没有遇到任何事

支援墨索里尼

意大利在阿尔巴尼亚、塔兰托、利比亚被打败之后，德国感到很担忧。1940年12月，德国派遣第10航空队去西西里岛，目的是两个：一是阻止英国人进入西西里和突尼斯，二是与马耳他的英国飞机作战。

1941年1月3日，澳大利亚部队在利比亚攻占了拜尔迪耶。1月21日，英国人攻占托布鲁克。英国人在墨索里尼的北非帝国取得这些进展之后，开始把注意力转向希腊。估计德国在罗马尼亚有12个师的兵力，希腊的帕帕戈斯将军要求英国派遣9个师来增援。英国表示愿意增援，但增援兵力非常少，只有2或3个师，外加一个飞行编队。

故。萨默维尔在1月9日夜通过了撒丁岛南部，回到了直布罗陀，随行的有“马来亚”号战列舰、“名望”号战列巡洋舰、“皇家方舟”号航母，他把护航的任务交由1艘防空巡洋舰、2艘重型巡洋舰（“格洛斯特”号和“南安普敦”号，这2艘军舰是在从亚历山大港运兵到马耳他之后加入萨默维尔的任务的）、5艘驱逐舰。1月10日黎明，“格洛斯特”号和“南安普敦”号击沉了意大利鱼雷艇“维加”号（Vega），这艘鱼雷艇勇敢地向英国军舰发动攻击。在战斗中，“勇敢”号驱逐舰撞上一枚水雷，必须被拖到马耳他。然而，由于轴心国不断来空袭，根本无法修理。

“卓越”号航母面临严峻考验

然而，坎宁安的地中海舰队没能轻松地撤离战场。就在英国军舰击沉“维加”号不久，大约12时30分，德国的

←两名英国兵正在检查意大利菲亚特C.R.42型战斗机的残骸。这种型号的战斗机是由意大利北非军队使用的，其性能无法与皇家空军的“飓风”战斗机比拟，大约相当于“角斗士”战斗机。

Ju－87 、Ju－88轰炸机飞抵英国舰队上空。虽然“厌战”号和“勇敢”号战列舰用炮火猛烈持续打击，但德国轰炸机对“卓越”号航母发动猛烈的攻击。

“我们面对的是真正的军事专家，”坎宁安海军上将在回忆录中写道。“他们在我们舰队上空形成一个大圆圈，每架在飞到进攻点的时候马上飞离大圆圈。我们只能看着他们的技术和精度兴叹。他们发动进攻的距离很近，有些俯冲到比‘卓越’号航母烟囱还低的高度。”

仅10分钟的时间，“卓越”号航母被2枚550磅重的炸弹和4枚1100磅重的炸弹击中。如果其甲板不是带有装甲的话，很可能就会像远东地区美国航母和英国航母那样完蛋。尽管有装甲，这艘航母也受到了损害：轮向齿轮坏了，只能靠螺旋桨转向。坎宁安海军上将下令返回马耳他进行修理。

在第二天返程中又遭遇德国第10航空队的空袭。不走运的“南安普敦”号被炸瘫痪，燃起了大火，最后不得不被舰员抛弃，并用鱼雷炸沉。

在马耳他，工人和工程师拼命工作，争取早日让“卓越”号重回战场。但是，1月16日，德军轰炸机又来轰炸，造成新的破坏，不得不进行补救。1月23日夜晚，“卓越”号离开港口返回亚历山大港，航速达到惊人的28节。尽管如此，这艘航母必须进行大修，为此要远航到美国弗吉尼亚的诺福克港。美国总统罗斯福同情“卓越”号的遭遇，同意接到美国进行大修。

由于“卓越”号不能参战，英国海军部决定，在大西洋上的“可畏”号航母应该经好望角去亚历山大港。在舰队没有空中掩护的情况下，坎宁安不能在西西里以南的水域进行作战，除非“可畏”号来到他的旗下。虽然德国空军在苏伊士运河投掷水雷试图阻止“可畏”号去亚历山大港，但“可畏”号在3月10日终于抵达了目的地。

与此同时，德国轰炸机继续对马耳他实施空袭。马耳他岛上的英国飞机损失严重，H.P. 劳埃德空军少将是英国空军在当地的指挥官。到了2月底的时候，威灵顿轰炸机被送回埃及；战斗机也同样遭受严重损失，截止到3月11日，能与德国梅塞施密特109式或110式进行对抗的英国“飓风”战斗机只剩下8架能打仗的飞机了。

自1941年3月起，由于德国的非洲军团需要空中支援，此外在巴尔干地区展开的“玛莉塔”（Marita）行动也需要空中支援，盖斯勒将军被迫转移大量飞行中队去这些新战场，这必然造成德国第10航空队对马耳他的压力减轻。从4月3日至5月21日，“H”舰队成功向马耳他提供了82架“飓风”战斗机，这些战斗机是从“皇家方舟”号航母和“暴怒”号航母飞到岛上去的。

↓意大利巡洋舰在地中海执勤。不过，谁也不能对意大利舰队期待过高，他们不仅缺少燃油，还没有空中掩护，徒有虚名而已。

罗马和柏林向北非增援

在德国第10航空队转移到西西里之后，德国空军在毗邻水域获得了暂时的局部优势，但德国最高统帅部和意大利最高统帅部都没有能利用好这个优势。此外，由于有第10航空队的保护行动，轴心国获得了3个月的时间，能以极低的损失向北非运送兵力，防止英国人进攻的黎波里塔尼亚。从这个角度看，1月10日至11日在西西里、突尼斯海域的交战产生了非常严重后果，其严重程度要甚于“南安普敦”号被摧毁和“卓越”号暂时失去战斗力的后果。

从1941年2月1日至6月30日，一共有不少于81785人的轴心国士兵在的黎波里登陆，此外还有大约45万吨的武器、燃料、弹药也被运到。在2月至3月间，马耳他被暂时压制住了，这使得轴心国运兵的损失很小，但是，自4月之后有所上升。尽管如此，在6月30日之前，轴心国运兵的损失率仅是4.8%。

↓澳大利亚炮兵在德尔纳进行炮击。意大利在1月30日撤出该地。

首先到达的是意大利“阿列特”师和“特兰托”师，同期抵达的还有德国第5轻装甲师，这支德国部队是德国非洲军团的第一支分遣队。

隆美尔抵达的黎波里

1941年2月6日，埃尔温·隆美尔中将受到勃劳希奇的接见，勃劳希奇给了隆美尔一个新任务。隆美尔被任命为一支赴非洲远征军的司令官，行程要尽早。隆美尔在日记中写道，他想试一试新阵型的效果。预计第一支德国部队将在2月中旬抵达非洲，第5轻装甲师在4月中旬将全部抵达非洲。到5月底，第15装甲师的最后一支分遣队将会进入作战位置。至此，德国的非洲军团准备完毕，可以作战了。

隆美尔在新岗位上要接受格拉齐亚尼元帅的指令。有这个安排是因为德国最高统帅部和意大利最高统帅部同意放弃的黎波里现有的封闭式防御体系。意大利部队和德国

部队在隆美尔的直接领导下，将会深入苏尔特湾，把的黎波里的防御基地放置在布厄拉特（Buerat）。如果格拉齐亚尼做出有损德军安全或荣誉的事，隆美尔获准能超越格拉齐亚尼直接向德军最高指挥层提出上诉。

同一天下午，希特勒接见了隆美尔，并告诉他一件事，希孟德（Schmundt）上校——元首的副官——将会陪同他一起去非洲。2月11日，隆美尔主动去见古佐尼（Guzzoni）将军，此人是意军在阿尔巴尼亚战场的代理参谋长，参谋长卡瓦莱罗将军此时不在。隆美尔在与意军总参谋长罗阿塔将军简单地研究了形势后，就途径意大利的卡塔尼亚（Catania）去北非了。在北非，隆美尔与盖斯勒交换了意见。2月12日，隆美尔抵达的黎波里，向加里博尔迪将军报到，此人刚刚换下格拉齐亚尼。

自此，这位天才的军事指挥官将开始他在北非的军事生涯。

↑两名好奇的英国兵正在瞧墨索里尼像，英军刚刚打败这个军阀的军队。

←被缴获的战果正在等待检查。在班加西一役，意大利人抛弃了112辆坦克、2216门炮、1500辆汽车。即使意大利人士气仍然很高，但是，在损失如此多的物资之后，很难再发动反击了。

↑ 临战：德国第5轻装甲师的坦克正在从意大利船上卸下。

第五章
隆美尔入场

←德国非洲军团的沙漠侦察车。虽然德军没有能占领托布鲁克，但隆美尔再次征服了昔兰尼加，这意味着德军在沙漠战中从英军那里夺回了主动权。轴心国再次站在埃及的边境线上了。

在1941年3月至1942年9月之间的18个月里，隆美尔在发动进攻和调遣部队方面显示出杰出的能力，他知道如何把狡诈与力量相结合。他扭转了托布鲁克大惨败后的败局，成功发动攻击，直取亚历山大港，这使得他成为历史上最伟大的指挥官之一。

二战的转折点

第二次世界大战出现了转折，因为发生了两件事，一是希特勒在1941年6月22日入侵苏联，二是日本在1941年12月参战。此后，欧洲的战事演化为真正的世界大战。

隆美尔显然有非常高明的战术能力。他的战略能力如何？他似乎缺少战略能力。是否有战略能力，有一个很严格的准则，那就是看是否有能力把海陆空三方面的作战条件结合起来，形成一个整体作战框架。丘吉尔为此选用了一个很笨的词“海陆空三栖作战指挥官”加以形容。隆美尔达不到这个词的要求。

例如，1942年夏季，隆美尔不断向意大利最高统帅部抱怨意大利人没有把供应搞好，而他忘记自己曾经说过的话。6月21日，在占领托布鲁克之后，他向卡瓦莱罗断言，利用在托布鲁克缴获的燃料和交通工具，他能抵达尼罗河。他还忘记了另一个事实。由于他没有让德国空军去压制马耳他岛上的英军，岛上的英国轰炸机、鱼雷轰炸机、潜艇给在地中海中部航行的意大利商船以无情的打击。实际上，就是在隆美尔的强烈要求之下，希特勒和墨索里尼才放弃了“赫拉克勒斯”计划，如果能实施这个计划，轴心国将会占领马耳他和戈佐岛（Gozo）。凯塞林和卡瓦莱罗都不同意隆美尔的要求。

无论你如何评论隆美尔的历史地位，他的下属和反对他的人都赞扬他的高尚品格和道德。他在非洲沙漠上打的

这场“干净的战争”，肯定比他的同事在东线打的战争要容易，因为那里有游击队和希特勒的干涉。不过，他的部队后来也与当地部落爆发轻微的混战，因为英国动员当地部落反对意大利人。隆美尔在1942年9月16日的日记中写道：“游击战令人讨厌。但是，如果爆发游击战，不对人质进行报复也许是非常重要的，因为那会加强游击队的力量。比较好的办法不去对无辜的人进行报复。报复只能引发公愤，人质也会自动变成烈士。”

1944年，党卫军装甲师在攻占法国的格拉讷河畔奥拉杜尔（Oradour – sur – Glance）之后，对平民进行大屠杀。隆美尔基于同样的人道主义精神、人类良知、真正的爱国精神向希特勒抗议这次大屠杀，并要求对责任人进行惩戒性的惩罚（他的要求被粗暴回绝了）。1942年6月，在波哈科姆（Bir Hakeim），隆美尔对待自由法国战俘令人尊敬的方式值得评述一下。由于德国和法国在1940年签署了停战协定，根据战争法则，戴高乐自由法国的支持者本不享有正常参战人员的待遇。

↓德军非洲军团的装甲部队正沿着意大利语人在战前修建的瓦巴尔巴亚补给线奔赴前线，这条补给线是沿着利比亚海岸修建的。

隆美尔还是一位对感情很专注的丈夫，他每天都给妻子写信，让她了解自己的情况。下面是隆美尔的两封信（第二封隐约谈及他在非洲的任务）。

1941年2月6日

最亲爱的露，

12点45分在斯塔肯登陆。先和总司令见面，他给我新任务，然后会见元首。情况变化很快。我的工具就要到了。我只能携带最少量的物品。剩下物品很快能得到。我不想告诉你事情多得让我应接不暇。几个月之后才能做完。

我们的假期被再次削减了。不要沮丧，这是不可避免的。新任务很大、很重要。

1941年2月7日

昨晚一夜都在干工作。这是一种治疗我风湿病的办法。我有许多事要做，只有几个小时了，我要做完我必须做的。

重量：19.25吨
机组：5人
武器：1门5厘米口径 KwK39 L/42主炮共99发炮弹；2挺7.92毫米口径MG34机关枪共3750发子弹
装甲：最厚30毫米，最薄16毫米
发动机：迈巴赫HL120TRM12缸，300马力
速度：25英里/小时
最大航程：105英里
长：18英尺；宽：9英尺9英寸；高：8英尺1英寸

这就是隆美尔。隆美尔死后，他的妻子和儿子曼弗雷德把他的书信、回忆录整理成一部名叫《没有恨的战争》的书出版发行。这本书的名字取得很合适。

英国和希腊

当德国的非洲军团离开意大利去非洲的时候，韦维尔将军也在执行伦敦发来的命令。派遣来增援希腊的有几支部队：第6澳大利亚师、第2新西兰师（师长弗赖伯格少将）、第2装甲师（师长干比尔派里少将，刚从英格兰来的）。

多尔曼－史密斯（Dorman－Smith）是位旅长，隶属于英军中东地区总部，驻扎在开罗，他从默基利到贝达富姆一直跟随奥康纳作战。2月12日10时，他又回到开罗与韦维尔见面（实际上比隆美尔在的黎波里与加里博尔迪见面的时间早几个小时）。他从韦维尔那里听说要切换战场。当时，多尔曼－史密斯评论说道，在他离开的这些天里，墙上的西非地图变成了希腊地图。韦维尔轻蔑地说：“你看到了，我正在发动我的春季攻势。”

前一天，韦维尔在收到了驻扎在托布鲁克的英国陆军中将亨利·梅特兰·威尔逊爵士发来的电报之后，马上给丘吉尔发了一份电报，说意大利处于崩溃之中。在前线，奥康纳表示，他可以进攻的黎波里塔尼亚，但条件是要把所有剩余的兵力都用来支援他的第7装甲师，并且皇家空军和坎宁安在近海的编队（1艘铁甲舰、3艘炮艇）也要去折磨意大利海岸部队，从而给予他一定的支持。如果能满足这样的条件，他计划先对布厄拉特发动两栖登陆战，接着对米苏拉塔（Misurata），此后再沿海岸逐步推进。

奥康纳的乐观，与隆美尔对的黎波里的悲观形成对照。

↑意大利人的帮助：德国非洲军团的装甲车抵达的黎波里码头。由于隆美尔日后光彩夺目，人们容易忘记德国当初的目的只不过是要保卫利比亚的首都。

↑隆美尔的沙漠堡垒：侦察兵驻扎的小绿洲。

不久前隆美尔接到北非联络官海根芮勒(Heggenreiner)中尉的一份令人沮丧的报告。隆美尔注意到海根芮勒在报告中“描绘了意军撤退中令人生厌的事。换言之，当时简直就是一场溃败。意大利士兵抛弃武器和弹药，爬上已经超载的汽车，拼命也想向西逃窜。当时场面异常丑陋，意军士兵甚至相互射杀。在的黎波里各处，士气都很低。大多数意大利军官已经打好了行囊，想着尽早回意大利。”

加里博尔迪将军如今手中只有5个师供他调遣：“博洛尼亚”师、“布雷西亚”师、“帕维亚”师、“萨布拉塔”师和“萨沃纳”师。即使在1940年6月10日，这些兵力依然被视为“不够”。此外，这几个师还接到命令把一部分武器交给最近被打败的第10集团军。在英国战时内阁的命令下，奥康纳以及在西迪巴拉尼、拜尔迪耶、托布鲁克、默基利、贝达富姆的胜利者正不顾一切地向的黎波里进发。

然而，丘吉尔决心已下。在支持首相的人中有帝国总参谋长约翰·迪尔（John Dill）。但是，当时的英国本土军队总司令布鲁克，在考虑到英国现有条件后，认为丘吉尔的决定超过了英国战略的极限。布鲁克后来写道：“我很少质疑迪尔的建议和判断，但这次我不得不反对迪尔。由于我不掌握所有事实根据，所以我当时还无法提出自己的方案。然而，我从开始就认为在希腊用兵是个大错误。我们已经把全部精力都投入中东，此时再派兵去希腊肯定会导致危险的兵力分散问题。”

战事的发展证明布鲁克的担心是对的。但是，英国人觉得他们必须去帮助希腊，并非是害怕轴心国借此大做舆论。如果英国不帮助希腊，希腊很有可能会去与希特勒谈

←隆美尔进攻的左路是沿着海岸线向班加西猛插。这辆坦克属于在隆美尔的第一次进攻中发挥主要作用的部队——斯特克（Streich）将军的第5轻装甲师。

判。另一方面，向希腊派兵说明英国并不自私。虽然英国在希腊和克利特岛都被打败了，但保住了英国的名誉——不向希腊派兵才会损害英国的名誉。不过，这个说法不适用于“下颚”行动，在这个行动中，韦维尔被迫派遣第7澳大利亚师去尼罗河三角洲发动可能的进攻。

沙漠前线

由于英军开罗总部不得不派遣兵力去充实远征希腊的军队，所以剩下的兵力就十分薄弱了，根据接到的命令，这支薄弱的部队需要巩固在昔兰尼加西部的阵地。这支部队主要由第2装甲师的残部组成，由于他们的坦克被送往希腊，所以只能使用缴获来的意大利坦克。然而，意大利坦克的状况很糟糕，即使最好的英军坦克机组人员，也无法使之正常工作。第9澳大利亚师（师长是莫斯黑德少将）本来应该前来增援，但是，由于出现供应问题，他们到了托布鲁克就停住了步伐。后来，第3印度机械化旅赶来增援。

德国BMW R.750复合型摩托车

重量：875磅（不载重），1480磅（载重）
机组：2人
武器：1挺7.92毫米口径MG34机关枪
发动机：26马力的宝马750cc
速度：70英里/小时
最大航程：道路210英里，田野170英里班加西被攻占后，韦维尔任命梅特兰·威尔逊将军做昔兰尼加的总督。然而，威尔逊后来又受命返回开罗去指挥希腊远征军。接替者是菲利普·尼姆(Philip Neame)中将，他是个沙漠战新手，不熟悉当地的地形。

第7装甲师一直是第8军的前锋部队，被韦维尔调回三角洲进行彻底的休整。丘吉尔严厉地反对这个决定。如果英军在攻占托布鲁克后能为这个师建立起修理车间，隆美尔的任务肯定就不会那么容易完成。然而，我们不能忘记，英国在沙漠上的攻势是由一系列的短暂攻击组成。1940年12月9日，奥康纳计划只进行5天的攻击。到了1941年2月6日，他向西前进了500英里，抵达了阿盖拉。在这样的战场环境下，作战基地的建设速度跟不上坦克前进的速度，这一点都不奇怪。

从韦维尔的排兵布阵看，他无论如何也不认为隆美尔

↓德国非洲军团的炮火轰击。后来，隆美尔在评论沙漠战的规则时写道：“大炮必须有大射程，而最重要的是大炮的机动性，并且能携带大量弹药。”但是，在这方面，非洲军团不占优势。弗里茨·拜尔莱因（Fritz Bayerlein）将军是非洲军团的司令官，他简单扼要地说：“远程武器具有决定性——英国在这方面做得做最好。暴露在敌人25磅炮弹的轰击下，却无法有效还击，那种经历令人很不快。”

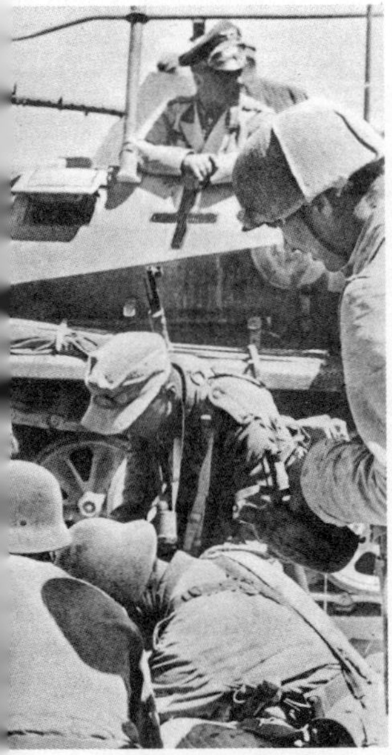

↑隆美尔在前线——隆美尔、装甲车、士兵。

有很大的可能性发动大规模反击。勃劳希奇和哈尔德也认为隆美尔对阿杰达比亚（Agedabia）的进攻只能在5月底之后才能展开，因为必须等待第15装甲师的部队到齐才行。还有一件事也能说明这点。3月19日，当希特勒为隆美尔颁发骑士十字勋章的时候，没有给隆美尔任何指示。根据隆美尔的日记，这使他感到非常渴望去战斗，“非常不快乐”。班加西本来是他的春季攻势的给定目标，但进攻班加西的理由很不充分。必须守住整个昔兰尼加，才能保证进攻班加西是可行的。

隆美尔进攻

3月24日黎明，隆美尔第5轻装甲师的侦察部队攻击了利比亚境内的阿盖拉，守卫这个关键地点的英国部队后撤了。他们在布雷加（Marsa Brega）建立起新防御阵地，新阵地在苏尔特湾和盐碱滩之间，坦克不能通过，在阿杰达比亚西南50英里的地方。

隆美尔感到不能严格按照上级命令行事，那样会给予英国人足够的时间进行重组，他不能坐等第15装甲师到齐之后再进攻。如果他马上发动攻击，他就有机会用小股机动部队奇袭英军，把英军赶出非常坚固的防御阵地。

于是隆美尔在3月31日再次发动攻击。驻守布雷加的英军确实进行了抵抗，但朝着沙漠的侧翼受到攻击，被迫放弃第5轻装甲师的阵地。到了4月2日，德军协同跟紧随在后面的“阿里亚特”装甲师、“布雷西亚”步兵师，一起占领了阿杰达比亚地区，比德国陆军总部设定的期限提前了2个月。战斗中有800英国士兵被俘。隆美尔巧妙利用假坦克

迷惑了撤退中的英军。德国侦察机看到有混乱的队伍向班加西和默基利撤退。

隆美尔经常被人批评不应该发动进攻；但是，任何士兵如果发现上级的命令不符合战场实际情况，都应该有权对所发现的目标发动进攻。这就是隆美尔的非洲军团在1941年3月抵达布雷加之后所面对的情况。

然而，在这种情况下，下级必须立刻通知上级。隆美尔没有通知上级，他忙于扩大初期的战果，保守秘密不让意军和德军上级知道，时间长达几天。

彼得罗·马拉维格纳（Pietro Maravigna）将军写了一部有关非洲战争的书，他在书中清楚地记录下这点。“我们的进攻使负责掩护的敌人大吃一惊，接着他们开始后撤。他们放弃了波爱苏拉（Bir es－Suera）和布雷加，而随后被隆美尔的进攻部队在4月1日占领。第5轻装甲的主力在最终占领了阿盖拉东面的阵地。

“的黎波里被震撼了，不过罗马被震撼得更厉害一些，隆美尔的成功就像是晴天霹雳。墨索里尼很不高兴，问林特伦（Rintelen）要情况。林特伦不知道，于是请加里博尔迪解释。加里博尔迪答道，隆美尔没有请示上级，完全是自作主张。此外，加里博尔迪拒绝承担所有责任，因为他只授权隆美尔奇袭布雷加西面的英军，为的是巩固防御；德国将军后来继续扩大战果，超出了他的权力范畴。”

为了阻止隆美尔，加里博尔迪跟着出发了。可是加里博尔迪被下级粗鲁地回绝了，主要是因为隆美尔最近刚获得的胜利提供了行动的佐证。此外，柏林的德国最高统帅部也暗示允许。实际上，在4月3日的夜晚，第5轻装甲师的侦察部

队就进入了班加西，而其主力部队向默基利赶路。

在开罗，隆美尔的消息引发了极大的困惑，就如同在意大利最高统帅部内部引发的一样。尼姆受命在轴心国发动进攻的情况下保住部队不受威胁，可以有秩序地后撤；但是，韦维尔很快就意识到尼姆被突发事件打乱了手脚，有秩序的后撤变成了溃退。

受困的英国将军们

↓“这里不是敦刻尔克！”莫斯黑德（中）少将，第 9 澳大利亚师的师长，托布鲁克的守护者。

于是韦维尔决定召集奥康纳前来商议，但奥康纳突然遭遇不幸打击不能前来。奥康纳、尼姆以及卡通·德维阿特（Carton de Wiart）将军在去塔汨汨（Tmimi）开参谋会

← 隆美尔的进攻速度征服了一切——德国非洲军团的英国战俘。

议的路上被德国巡逻兵在德尔纳附近（Derna）俘虏。

“他当时半睡不醒，司机突然把车刹住了，”安东尼·赫克斯托－史密斯写道。“一名非洲军团的士兵用火炬照亮车里面，车里的情况让他惊叫起来。将军们也许可以借此立刻跑掉，但德国兵的同伴迅速跑了过来，他们都来自波纳特（Ponath）中校指挥的机关枪营。奥康纳的司机本应该向东去塔汨汨，但开错了方向转向了北面。当奥康纳清醒过来的时候，已经太晚了。

“几个月后，驻扎在埃及的人都在谈论奥康纳到达隆美尔前线指挥部的故事。当时隆美尔和他的参谋正在吃早餐，奥康纳走过去上下打量着他们，然后问道：‘有人会说英语吗？’

“一位戴眼镜的军官站了起来，立正，深深鞠了一

躬，然后说，‘先生，我会说。’

“‘嗯，我迷路了。’

“这个故事很可能是杜撰的，但沙漠里的士兵听了这个故事总是很得意。”

在默基利，第2装甲师的干比尔派里将军也被俘了，同时被俘的还有第3装甲旅的大多数士兵、第3印度旅的大量士兵。

隆美尔从阿杰达比亚出发，攻入默基利，再从默基利攻入德尔纳，这个过程正好是与奥康纳在贝达富姆的动作的反转。但是，隆美尔此时的运气没有奥康纳当时的好；当隆美尔的部队抵达邦巴湾（Gulf of Bomba）之后，从班加西撤退出来的澳大利亚旅的后卫已经后退到托布鲁克，从而加强了当地的守卫。盟国部队逃脱了轴心国的诱捕网。

决定坚守托布鲁克

死守托布鲁克的决定是韦维尔做出的，空军元帅朗莫尔和海军上将坎宁安都为他出了主意。守卫部队是第9澳大

→沙漠风暴中的两名德国非洲军团士兵。

←在隆美尔进攻昔兰尼加的过程中，突然捕获了英国将军奥康纳和尼姆。这件事引发德国人的骄傲。这幅画刊登在一家德国杂志上，就反映了德国人的这种骄傲情绪。

利亚师，第7装甲师有一个旅前来支援，此外还包括一个有45辆装甲车的装甲团、一个有16门重炮和59门轻炮对防空旅。在托布鲁克防区，总共有36000人。

1月21日，在麦凯（Mackay）将军的指挥下，攻占托布鲁克的战役很快就结束了，托布鲁克的防御工事几乎是完整地落入英军之手，成排的碉堡有3英尺厚的水泥板保护，能经受德国非洲军团当时拥有的最重型的大炮（15厘米）的轰击。反坦克壕沟仍然完好无损，伪装也很完整，有木板铺在壕沟上，木板覆盖有沙土。

悍将手下无弱兵，此话不假。托布鲁克防御力最强的部分是莱斯利·莫斯黑德少将，他是第9澳大利亚师的师长。“这里不是敦刻尔克！”他对士兵们说。“如果我们想走，那就让我们先攻破敌人的包围圈，然后再走。我们绝不投降、不撤退。”

莫斯黑德是第一次世界大战的老兵，在28岁时被提升为一个步兵营的营长。由于作战勇敢，他被授予圣迈克尔

埃尔温·隆美尔将军（后来成为陆军元帅），1891年生于海登海姆。他在第一次世界大战中就有突出表现。1938年，隆美尔被挑选做希特勒去捷克斯洛伐克和波兰的护卫营的营长。1940年2月，他被任命为第7装甲师的师长。在法国战役中，隆美尔领导的第7装甲师有惊人的表现，人称“魔鬼师”，这验证了希特勒对他的胆量和智谋的认可。

和圣乔治勋爵、优秀军人勋章、法国荣誉军团勋章。他手下的士兵称他是“魔鬼”，因为他有铁一般的纪律。另有一个因素是对防御者有利，战场相对狭窄，妨碍隆美尔发动他喜欢的突袭。

隆美尔止步于托布鲁克

4月10日，隆美尔试着向托布鲁克发动猛攻，发动攻击的部队是冯·普里特威茨(von Prittwitz)第15装甲师下属的一支摩托化特遣队，目标是切断沿海岸道路。但是，这支特遣队被重炮逼退，指挥官也被炸死。在4月13日至14日夜晚，第5轻装甲师的一个营发现了一条能通过地雷阵、反坦克壕沟的道路。然而，隆美尔宣布：“这个师的师长没有掌握集中兵力的战术，他没有能集中兵力攻其一点，实施突破，接着向某个侧翼偏转，闪电般的穿插，在敌人没有反应过来之前就深入到其背后。”就因为这个原因，第5轻装甲师的装甲团被澳大利亚炮火压制住了，没有能向“插入”敌人腹地的营提供支持。所以，这个营被敌人全歼，有250名战俘落在澳大利亚人手中。隆美尔为此大怒，惩罚

隆美尔攻入昔兰尼加

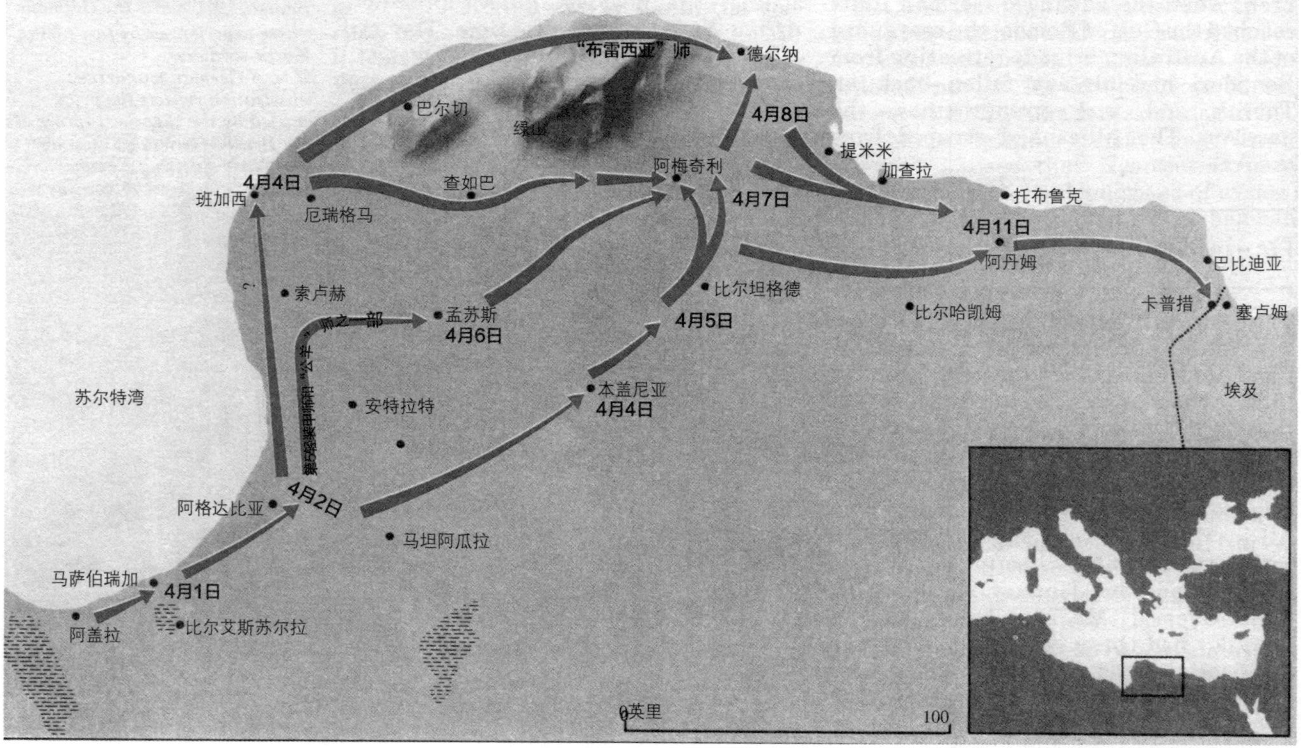

"布雷西亚"师
德尔纳
巴尔切
绿山
4月8日
提米米
加查拉
阿梅奇利
4月4日
班加西
查如巴
厄瑞格马
4月7日
托布鲁克
4月11日
阿丹姆
巴比迪亚
索卢赫
孟苏斯
4月6日
比尔坦格德
4月5日
比尔哈凯姆
卡普措
塞卢姆
本盖尼亚
4月4日
埃及
苏尔特湾
安特拉特
阿格达比亚
4月2日
马坦阿瓜拉
马萨伯瑞加
4月1日
阿盖拉
比尔艾斯苏尔拉
0英里
100

史塔里希（Streich）将军，撤了他的职务。

几个意大利师（“布雷西亚”步兵师、“特兰托”摩托化师、“阿里亚特”装甲师）更加倒霉。另一方面，非洲军团攻击托布鲁克时殿后的部队重新占领了轴心国过去在塞卢姆、哈法亚（Halfays）、卡普措（Capuzzo）的阵地，此时埃及边境线就在他们眼前了，德军的兵力分布比较松散。虽然第15装甲师可以参加战斗了，但隆美尔终于意识到，只能依靠有组织的进攻，才能攻下托布鲁克。他缺少足够的资源做到这一点。他向德军陆军总部表示遗憾，勃劳希奇和哈尔德给予他冷淡的回应。

隆美尔被要求守规矩

哈尔德在4月23日的日记中说明了一切。“我感觉前线的情况很乱。他（隆美尔）在非常分散的部队之间瞎跑浪费时间，派遣侦察部队四处出击浪费兵力……没有人知道

↓沙漠生活：德国非洲军团的装甲车成员正在修建新阵地。

他是如何部署部队的，也没有人知道他的实际战斗力……他的零敲碎打产生严重伤亡。此外，他的车辆状态很差。由于磨损和沙漠的破坏，许多坦克的发动机需要更换。我们的空运能力跟不上隆美尔的疯狂需要；我们根本没有足够汽油，飞到北非的飞机没有汽油飞回来。”

然而，无论哈尔德如何想，他也只能在私人日记中表露，因为希特勒对隆美尔极为器重。在这样的环境下，他在获得勃劳希奇的批准后，只是派遣陆军总部军需部长保卢斯（Paulus）中将去北非做实地调查。

在哈尔德看来，由于保卢斯是隆美尔的老朋友，“也许能阻止一下那位发狂的士兵”。这位德国陆军的特使令人满意地完成了任务——但是，几周之后，整个北非战场被从德国陆军总部转移到了德国最高统帅部。指挥结构变

←第一次阻断隆美尔的部队。隆美尔轻率向托布鲁克最坚固的阵地发动进攻，伤亡很大，但战果很小。此处，澳大利亚哨兵正在监视德国战俘。

了，冲动的隆美尔与墨守成规的哈尔德之间的摩擦也就消除了。哈尔德一直被人批评太过保守，因为他的担心总是没有变成是真的。然而，他根本不知道英国后备兵力极为弱小的实情。哈尔德的情报专家估计韦维尔有21个师，其中6个正在托布鲁克、塞卢姆、哈法亚前线战斗。哈尔德是依赖这样的情报做出判断的。

↑都灵报纸《人民日报》（Gazzetta del Popolo）:海神尼普顿正在看《泰晤士报》最新沉没消息栏目，看看英国海军部是否宣布他脑袋上的最新肿块的情况。

如前所述，轴心国运送第5轻装甲师去北非的船队遭受了重大损失。但是，运送第15装甲师的船队遭遇的困难要更大一些。

隆美尔自第一次与德国第10航空队的盖斯勒会见开始，就一直在要求德国轰炸机应该集中力量轰炸班加西。后来，第10航空队在阿杰达比亚与托布鲁克之间向非洲军团提供非常有效的空中掩护，弥补了隆美尔缺少重炮的缺陷。

可是这必然减弱对马耳他的空袭压力。坎宁安敏捷地利用了空袭压力缓解的这段时间。4月初，他把一支由最新式的驱逐舰构成的小型舰队从埃及亚历山大港调遣到马耳他的瓦莱塔（Valletta）。指挥这支小舰队的是P.J.麦克（P.J. Mack）上校，他在4月14日至15日夜晚获得第一次胜利。当他在离突尼斯的斯法克斯（Sfax）35英里远海面上出现的时候，让一支轴心国的商船队大吃一惊，这支商船队有5艘商船、3艘担任护航任务的驱逐舰。商船队在月光下航行，麦克的舰队在黑暗中。这是一次完美的突袭。只几分钟，商船变成的残骸；为非洲军团运送的350人、300辆车、3500吨物资全都损失掉了。意大利驱逐舰“班尼路”号被击沉，“塔日哥”号舰长德·克里斯托福罗（de Cristoforo），虽然有一条腿被英军炸断，但成功发射了3枚

马耳他的英国潜艇

在德国第一次拥有对马耳他岛的空中优势期间，马耳他岛上的进攻力量主要由小型潜艇舰队构成，这些潜艇在轴心国向的黎波里的供应线上不停地巡逻。当时的形势对英国潜艇不利，从1941年4月至8月期间，有4艘英国潜艇被击沉。但是，在这一年的1月至5月，英国潜艇击沉了轴心国向北非的31艘运送军需品和增援部队的运输船中的16艘——这是个令人震惊的成就。与此同时，从直布罗陀和亚历山大出发的驱逐舰小舰队也进行类似的巡逻。

↑马耳他潜艇小舰队。1914年年初，小型的“U”级潜艇在浅海狩猎，而大型的潜艇去深水狩猎。

中尉舰长大卫·万克林（David Wanklyn，左二）与其他潜艇军官。万克林在地中海战区迅速崛起，成为杰出的英国王牌潜艇艇长。1941年1月，“支持者”号潜艇首次在轴心国北非航线上执行巡逻任务，万克林在这次巡逻任务中，于1月28日早晨击沉了德国运输船“杜伊斯堡”号。他在1941年最大的战绩是在5月25日击沉了意大利大型班轮“罗索故事”号。为此，他获得了维多利亚十字勋章。1942年4月14日，他正在进行第23次巡逻的时候，“支持者”号潜艇被深水炸弹击沉。他曾经击沉2艘潜艇、2艘驱逐舰、94900吨货物。

↑为进攻准备更多的利器——给一艘马耳他潜艇装载鱼雷。在装载各种攻击武器中，装载燃油和鱼雷是非常重要的，但又十分危险。

鱼雷之后才随自己的战舰沉没。英国驱逐舰“莫霍克”号被其中的2枚鱼雷击中，也沉没了。

第3艘护航驱逐舰是“兰普”号，它被彻底打得无法动弹，搁浅在克肯纳群岛（Kerkenna）的沙滩上（意大利人在8月份将“兰普”号修复，并重新服役）。同时搁浅的还有德国商船“阿塔”号。那天晚上，法国抵抗组织成员爬上“兰普”号，偷走了舰上的文件，把德国非洲军团发出的有关马耳他战役的作战指令传递出去。

除了英国驱逐舰的战绩之外，基于马耳他和亚历山大港的英国潜艇也创造了自己的战绩。2月25日，“笔直”号（E.D.诺曼上尉是艇长）命中了意大利轻型巡洋舰“阿曼多·迪亚斯”号，它被击中后4分钟即沉没了，带走了3/4舰员。在4个月的时间里，英国潜艇一共在地中海击沉了十几艘往来于墨西拿与的黎波里之间的轴心国商船、油轮、驳船。

“支持者”号潜艇的艇长是马尔科姆·万克林上尉，他是位优秀的潜艇艇员，在沙漠战期间有突出的战绩。5月25日夜晚，“支持者”号击沉了意大利大型班轮“康特·罗索”号（17879吨位），船上有2732名海员和士兵，只有1520名被营救。为了表彰万克林的战功，他被授予维多利亚十字勋章。

坎宁安的困境

德国非洲军团的第一次进攻引发英国海军部和坎宁安之间的严重矛盾。

坎宁安受命用他的战舰对的黎波里的港口设施进行轰炸。但是，他怀疑战舰上的炮火是否能有效地摧毁港口设施。他要求调配远程轰炸机来埃及，这样可以从天空炸毁港口设施，但这在短期做不到。为了能迅速解决的黎波里问题，英国战时内阁和海军部决定坎宁安应该牺牲“巴勒姆”号战列舰和1艘防空巡洋舰。舰员要减到最少，航行到的黎波里港口入口处的时候故意沉没在那里。

坎宁安是4月15日收到这份命令的，他马上表示反对。如果同意，他就会失去他所拥有的3艘关键战舰中的1艘。此外，“巴勒姆”号和巡洋舰有可能在还没有进入目标海域的时候就被意大利人击沉。谁也无法保证执行任务的舰员能被营救出来，这意味着损失1000名有经验的军官、军士、各级士兵。然而，坎宁安打算搞个折中。他重新考虑他开始反对的方案，宣布他准备去轰击的黎波里。

英国海军部同意了。4月21日黎明，战列舰“巴勒姆”号、“勇敢”号、“厌战”号、巡洋舰“格洛斯特”号，一起向的黎波里港口炮击了45分钟，与此同时，从“可畏”号航母起飞的“剑鱼”轰炸机、从马耳他起飞的飞机对港口进行了轰炸和照明。正如坎宁安所预计的那样，造成的破坏不严重，对的黎波里港口的运作没有产生长期影响。不过，由于意大利军队的反应奇慢，很长时间之后才拉响警报，英国飞机编队在这次危险任务中没有任何损失。

丘吉尔在他的《第二次世界大战》一书中说，达德利·庞德（Dudley Pound）爵士应该为这次行动负责任。然而，这似乎是不可能的。庞德是绝对不会在不咨询当时担任防务大臣的丘吉尔的情况下就做如此突然的决定的。当时很可能是丘吉尔建议把“巴勒姆”号战列舰在港口外凿沉。实际上，庞德很快就收回了他的初始命令，这说明他被丘吉尔影响了。

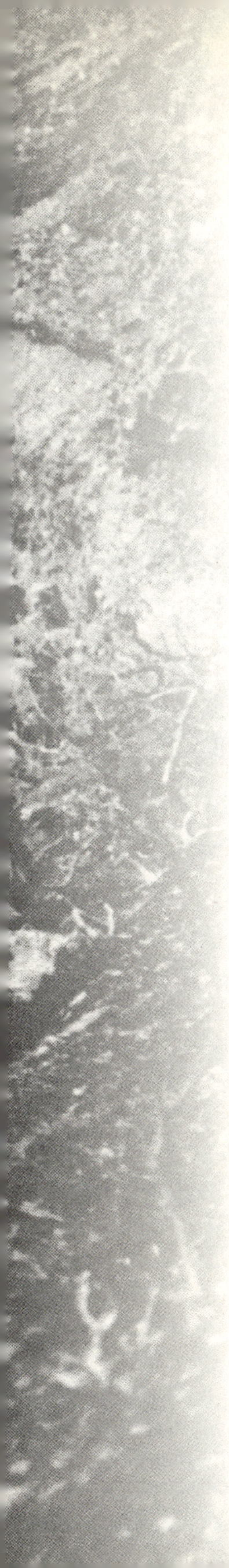

第六章 巴尔干战场

←一支希腊运输队走过惊险环生的德沃尔河河谷。这些士兵来自希腊军队的右翼，他们在1940年12月4日发动进攻，占领了波格拉德茨。此后，希腊战场的重心转移到沿海地区。希腊人发动了勇敢的攻势，希望夺取意大利人在法罗拉的基地。

1940年12月29日，新近才被提升为意大利军队总参谋长的乌戈·卡瓦莱罗将军，被墨索里尼派遣去替换意大利驻阿尔巴尼亚司令官乌巴多·索杜将军。这位意大利首领在1月1日的信中是这样规定卡瓦莱罗的新任务的：要发动进攻，要用热情和决心证明自己，证明外国人对意大利军队威信的怀疑是没有根据的。“德国，”墨索里尼继续写道，“已经准备好派遣一个山地师进入阿尔巴尼亚，而且正在准备在3月份从保加利亚进攻希腊。我有个期待，不，应该说是个要求，我要求你们用行动和勇敢证明所有的德国援助都是没有必要的。整个意大利正在急迫地等待局势的发生突变。”

第二次世界大战结束后，哈尔德将军谈到了当初德军增援阿尔巴尼亚遇到了麻烦问题，这些问题希特勒和德军将领一直都没有达成共识：

“意大利人在阿尔巴尼亚陷入困境，希特勒想提供援助。德国陆军总司令成功地阻止了援助行动，因为这样的援助会无果而终。但是，如果德国按照原计划从保加利亚进入希腊把英国人扔进大海，战局会截然不同。此后希特勒命令德军大部队进入阿尔巴尼亚北部。这是个古怪的军事行动，有可能导致任何针对希腊的闪电进攻失利。但是，希特勒拒绝放弃他的作战方案，因为其政治意志压倒了军事考虑。不过，德国最高统帅部暗中没有执行这个方案，所以没有产生损失，后来的战局变化证明德军将领是正确的。”

↑墨索里尼和他的新任总参谋长乌戈·卡瓦莱罗将军。卡瓦莱罗有个没有人愿意做的新任务，那就是要扭转意军在阿尔巴尼亚战场的颓势。

山地战

卡瓦莱罗在实现首领的愿望之前，必须防止希腊人占领法罗拉（Valona）和都拉佐（Durazzo）。为此，他必须准备用16个师的兵力在一条长达156英里的战线上作战，其中有些师的状态不佳、装备不良，而阿尔巴尼亚基本没有交通道路。不过，对面的希腊军队自11月14日起就一直地进攻，损失了相当多的士兵，只有相当于13个师的兵力。帕帕戈斯将军必须先让部队进行休整，修建道路，于是他决定暂时放弃全面进攻，只对小目标进行攻击。在一次作战中，希腊第2军像往常那样展开山地战，在1月9日攻占了重要的交通要地克里苏拉（Klisura）。在一场大暴风雪中，希腊军队大败意大利的“托斯卡纳之狼”师[奥塔维奥·博莱亚（Ottavio Bollea）将军是师长]，这个师是

↓1941年3月：墨索里尼视察了阿尔巴尼亚前线。此时，局势是可控的，意大利增援部队赶到了，又可以发动进攻了。希腊人顽强抵抗敌人的大规模进攻，但损失惨重。

被上级逼迫向目标挺进的。帕帕戈斯把他的第1军和第2军联合起来，让德拉科斯（Drakos）将军做总指挥，取名伊庇鲁斯集团军。但是，到了2月份，这个集团军在泰莱风（Telepene）被打败，究其原因，不是因为他们不够机敏，也不是他们不能吃苦（卡瓦莱罗在日记里说他们进攻的时候像“疯”了一样）：实际上是因为他们缺少现代武器。这解释了希腊前任总司令在他写的有关这场战争的书里的说法：

“意大利军队有大量坦克，而我们一辆都没有。此外，我们也没有反坦克炮。敌人在平原上能快速运动，所以我们只有避开平原，在山地作战。山地作战，人和马匹都容易疲惫，运输线变长、变慢，这使得指挥变得更加困

↓一门意大利的野战炮正在往炮车上搬运。意大利摩托化部队使用了大量的这种便携式大炮，但事实上，它的作用并不大。

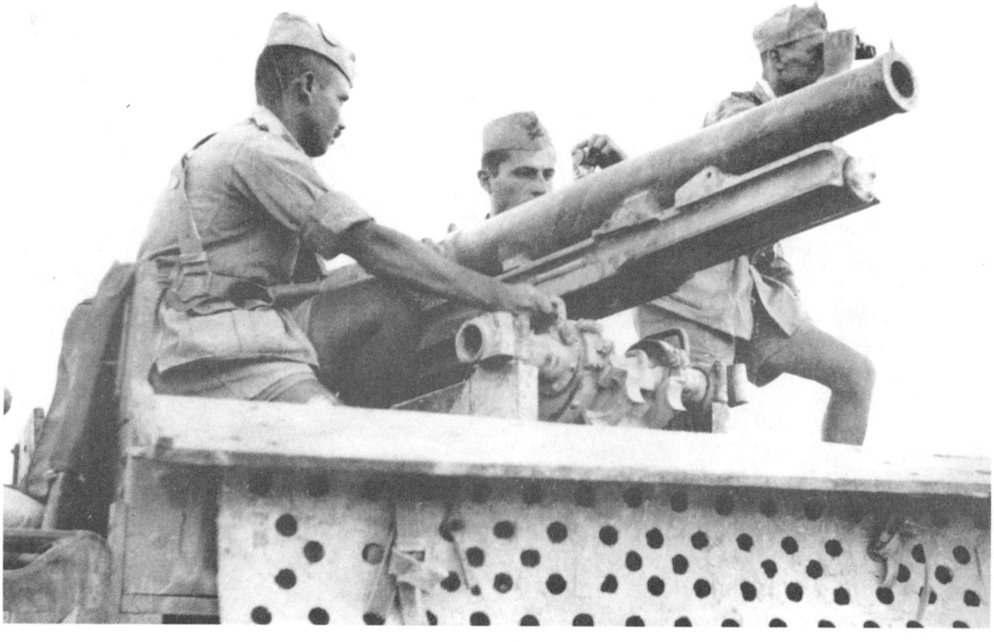

→苏伊士运河是英国通往印度和远东的生命线。当轴心国试图从英国手中夺取苏伊士运河时，英军准备誓死保卫它。

难、物质供应更加困难。敌人有大量的运输手段，可以不费力地迅速撤回平原。但是，只需很少的人就能守住山上的阵地。意大利人用卡车把部队运来，而我们却要步行，到达阵地时已经疲惫不堪，难以投入战斗。最后还要提一点，我们很难恢复敌人破坏的工事。意大利空军有优势，他们等英国和希腊的飞机在完成每天的有限攻击之后，便能对我们的前线和后方发动攻击。”卡瓦莱罗将军利用这些优势成功地进行了防御，并在墨索里尼下达命令后马上转守为攻。

从1940年12月29日至1941年3月26日，意大利有不少于10个师、4个机关枪营、3个黑衫团（一共是17个营）的兵力跨过了亚得里亚海。当春季到来的时候，意大利在阿尔巴尼亚有如下兵力：第9集团军，司令官是皮尔齐奥－比罗利（Pirzio－Biroli）将军；第11集团军，司令官仍然是杰洛索（Geloso）将军。总共是6个军，内有21个步兵师、5个山地师、“人马座”装甲师。另一方面，希腊只有13个或

→英国提供装甲兵援助：一辆巡洋舰马克II－A(A－10)坦克。“这些坦克很重，像个大方块，”鲍勃·克瑞斯普写道。克瑞斯普是南非的坦克军官，他跟随韦维尔的远征军来到希腊。“像一座移动的房子，虽说大，但容易损坏。不过，至今为止最大的弱点是履带，走不到一英里的路肯定坏，或在转弯时履带脱离。”克瑞斯普接着说：“在年初运送到希腊的英国皇家坦克第3团的60多辆坦克中，只有半打数量的坦克损失是因为敌人的打击。其余坦克都是因为履带问题、机械问题而被抛弃。这些坦克把道路都给阻塞了……机关枪被拆走，其他部件没有动。这些坦克对敌人也没有用；任何军队都不会对它们感兴趣……”

亚历山德罗斯·帕帕戈斯（Alexandros Papagos）将军，1883年出生。1939年10月28日，意大利入侵希腊，他当时是希腊军队的总司令。帕帕戈斯率领希腊军队不仅击退了意大利人，还发动了反攻，进入了阿尔巴尼亚。他的部队一直坚守到1940年3月。德国在4月入侵希腊，结果证明希腊军队无法与德军匹敌。帕帕戈斯被俘之后，又被送到德国。1945年，美军解救了他。

↑意大利人把重炮运送到前线去。

↑山上的希腊炮手回击意大利人。

14个师，因长时间作战而疲惫不堪。

意大利能运送如此多的士兵去阿尔巴尼亚这件事说明，虽然意大利海军被排斥在地中海之外，但此时仍能控制亚得里亚海。卡瓦莱罗将军此时还面临一个问题：阿尔巴尼亚的港口的吞吐能力只有每天4000吨，他是否能将增援部队和军需品的运输任务置于最高优先级？医疗船“波河”号在去阿尔巴尼亚的航程中损失掉了，被一枚鱼雷在法罗拉港外击中。埃达·齐亚诺（Edda Ciano）伯爵夫人在这艘船上做护士，她像鸭子一样游泳才得以逃生。

意大利再次发动进攻

卡瓦莱罗将军在获得了兵力优势之后开始进攻。1941年3月9日，在墨索里尼的监督下，第9集团军开始向东北部的奥苏姆河（Osum）与西南部的维奥斯河（Vijose/Aoos）之间的地区发动进攻。这个地区有一座叫“特比西纳”（Trebesina ）的大山。杰洛索将军派出他的第4军、

第7军、第25军［军长分别是麦卡利（Mercalli）、冈巴拉（Gambara ）、瓦罗·罗西（Varlo Rossi）］，总兵力有11个步兵师和“人马座”装甲师。在开战的那天，希腊有3个正规师，另有一支部队的兵力等同于1个师，这些部队都隶属于第2军［军长是帕帕多普罗斯（Papadopulos）］。黎明时分，希腊阵地遭到重炮轰击和飞机轰炸。大约8时30分，墨索里尼和卡瓦莱罗在观察点看到意大利部队正在向目标前进，这与卡尔索（Carso）不同。1915年6月至1917年8月，在第一次世界大战中，意大利在卡尔索发动了毫无意义的进攻，许多意大利人在进攻中战死。

然而，特比西纳山的攻势没有能提高墨索里尼的威望。这不是因为希腊守军在实力上与意军相匹敌。事实上，正如卡瓦莱罗在3月9日晚上写的日记中说的那样，真正的原因是希腊军队组织得很好，士气高昂。他在日记中还写道：

“希腊人的炮火很猛烈。所有防御措施都组织得很好，有纵深，充分利用地形优势，这样他们可以随时发动勇猛的反击。”

战斗都进行了48个小时了，但是，不仅没有期待中的突破，而且伤亡不断攀升，仅第11山地团就有356人伤亡，包括36名军官。刚开局就如此不利，是不是应该放弃作战计划？墨索里尼不同意。他每天都对杰洛索将军说：“无论代价有多么高，都要严格执行原计划。从现在开始到月底前，必须取得军事胜利，这对意大利军队的名声至关重要。”

接着他继续说，但异乎寻常地避免谈及他对意大利军队准备不足应负的责任：

“我总是尽全力维护意大利军队的名誉和威信，但如

↓英联邦军队在亚历山大港庆祝他们胜利到达。他们只是英国派往中东的一部分增援力量。

今必须发动进攻”。意大利士兵确实发动了进攻，但希腊人随后发动了反攻，帕帕戈斯将军把他的2个师投入决斗，意大利第15集团军并不比第9集团军进展更好。墨索里尼询问冈巴拉将军战场上的士气如何。冈巴拉回答得很艺术：“不能说很高，但大家都很坚定。有伤亡，没有占领新阵地，只有几个俘虏；这些很难鼓舞人心。总之，士气是不

↑意大利坦克兵在他们的M—13/40中型坦克前列队，听一位军官做指示。

↑沙漠战场上的双方都从阿拉伯贝都因人那里学会了在荒凉、陌生以及潜在死亡威胁的环境中生存的能力。图中，一个德国坦克团正在准备露营过夜。

↑一辆意大利轻型坦克。这种坦克只配备了机枪，由于太轻而没有实际作用，对意军来说只能用作维持治安或是侦察而已。

↑刚到西部沙漠的英国军队正在挖战壕。在法国沦陷和英国空战之后，中东将成为英国和轴心国下一次较量的主要战场。

错的，不能用士气来错怪战场上的士兵。”

最后，墨索里尼和卡瓦莱罗对局势做出了正确判断，叫停了进攻。墨索里尼回到了罗马，声誉受到损害。意大利参战的3个军一共伤亡12000人，每个师大约伤亡了1000人。伤亡中大多数是步兵，不可否则他们确实像男人那样进行了搏斗。

在对面，希腊人损失惨重。虽然希腊人取得了令人骄傲的防御胜利，但只剩下14师的兵力，却要对付27个师的敌人。

英国协助希腊

在此期间，梅塔克萨斯（Metaxas）将军于1941年1月29日在雅典突然死去，他指挥希腊军队在伊庇鲁斯战场和阿尔巴尼亚战争取得了胜利。希腊国王乔治任命彼得斯·科里齐斯（Petros Koryzis）为继任者。后来的事件证明，这位

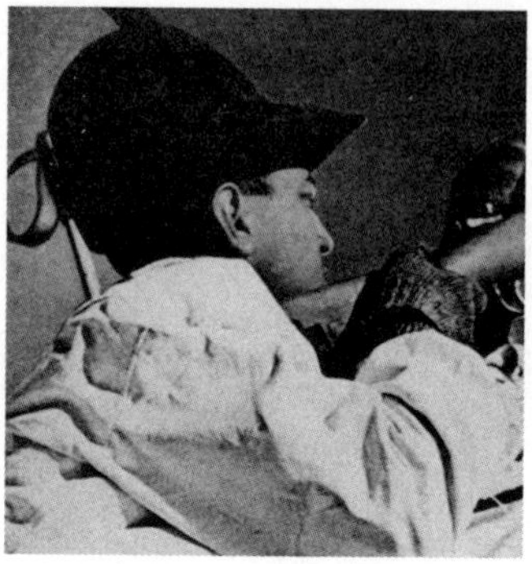

←准备进攻：意大利高山部队正在接受培训，这幅照片来自德国杂志《信号》。战斗打响后，希腊人在高处，意大利人处于劣势。意大利高山部队遭受严重损失。

继任者在个人能力和人格上无法与前任匹敌。但是，面对德国针对罗马尼亚的侵略企图，他的决心并不小，这点可以从他在2月8日给伦敦的一封信中看出来。他的这封信引起另一件事。2月14日，普利茅斯起飞了一架“桑德兰”战机，战机向开罗飞来，上面坐着艾登和迪尔（帝国总参谋长）。韦维尔将军在原则上没有反对向希腊提供支援，但指出这样做有严重的危险。这使得艾登在2月21日向英国首相发去一份电报：

“我和迪尔认真地与司令官评估了当前的局势。韦维尔准备提供3个师、1个波兰旅、一个装甲师最好的部分，外加一些反坦克部队和防空部队。虽然有些部队还有待集结，但集结工作正在进行之中，能尽可能快地抵达希腊，条件是有运输船可用。所以，防务委员会提及的希望有3个步兵师和1个装甲师的愿意基本实现了。

“最大的焦虑不是陆军，而是空军。未来要面对的不是意大利空军，而是德国空军。这是朗莫尔的新挑战。我有个感觉，他认为他的飞行中队的作战条件比不上英国本土的飞行中队……明天我们都将希望向希腊方面表达一个

愿望，我们应该联手构造一道守护萨洛尼卡的防线，但朗莫尔、坎宁安都认为我们现有的资源做不到这点。”

在实战中，皇家空军不仅要面对意大利空军，而且要面对德国空军，就是这个事实才让空军元帅朗莫尔和海军上将坎宁安怀疑英国远征军是否有能力去保护萨洛尼卡。约翰·迪尔也有同感。但是，这件事需要与希腊方面进行讨论，时间是第二天（2月22日），地点在雅典附近塔托伊（Tatoi）的王宫里。谈论的结果后来证明十分危险。

希腊人的看法

参加会议的有希腊国王乔治二世、艾登、希腊首相科里齐斯、英国驻雅典大使、迪尔将军、韦维尔将军、英国空军元帅朗莫尔、英国驻希腊军事使团的领导。帕帕戈斯将军受邀在会上介绍最新战况。

在会上，帕帕戈斯向与会者介绍了最新情报。然后，他提出一种作战方案，这个方案的条件是南斯拉夫保持中立，不让德国穿越其领土。如果这个条件成立，在色雷斯和马其顿东部设防似乎不明智。守护梅塔克萨斯防线的部队是抵御从保加利亚入侵之敌的主要堤坝，其任务是减缓

乌戈·卡瓦莱罗（Ugo Cavallero， 伯爵）将军，出生于1880年，墨索里尼在1925年任命他为战争部副部长，后来成为阿比西尼亚的奥斯塔大公的总参谋长。巴多格利奥辞职后，他成为意大利军队的总参谋长，此后他一直担任这个职务，直到1940年墨索里尼被推翻。他蹲了一段时间的监狱，后来被释放，不久便自杀了。

敌人进攻的速度，要坚持到最后一刻。但是，那些帮助他们抵抗南斯拉夫人的部队（3个师）将后撤到阿利阿克蒙(Aliakmon)下游与韦尔米翁山（Vermion）、凯麦克千伦山（Kaimakchalan ）之间，这两座山分别高 6725英尺和8375英尺。这一行动大约需要20天的时间。然而，帕帕戈斯认为，如果驻扎在罗马尼亚的德军从多瑙河左岸接近保加利亚和希腊边境，只需两星期的时间。

南斯拉夫的反应

在这点上，帕帕戈斯与艾登的意见不合。根据帕帕戈斯的说法，塔托伊宫的会议没有能就是否从两个省撤军形成最终决定。帕帕戈斯写道，“我强调事态的严重性，从色雷斯和马其顿东部撤军，把这一大块领土留给敌人去支配，我们必须绝对肯定南斯拉夫的态度之后才敢做这样的决定。我建议通知南斯拉夫我们的意愿，根据他们的反应再做计较。”

“英国代表，”他继续写道，“好像同意我的观点，于是大家决定让艾登发一份急电通知英国驻贝尔格莱德大

←意大利空袭：SM－79式轰炸机正向目标飞去。3月9日的攻势开始于大规模空袭，但地面进攻随后被放弃。

→希腊机关枪手准备反击。

使。希腊军队总司令将根据贝尔格莱德的回复做出相应调整。然后，艾登、迪尔、韦维尔乘坐飞机去了安卡拉。”

艾登在1950年给出了一个不同的版本，不过他肯定对已经死去的韦维尔的证词是真实的。像往常一样，艾登在许多历史事件上的说法与众不同。当他从毫无结果的安卡拉之行回来后，他给英国首相发了一份电报，在电报中，他除了谈及其他几件事外还谈道：

“在最后一次会议上，帕帕戈斯将军强调唯一合理的军事方案就是把马其顿的所有军队撤退到阿利阿克蒙。我们希望撤军工作已经开始。但是，我们后来发现其实没有。帕帕戈斯宣称，我们在最后一次会议同意根据南斯拉夫的态度再决定是否撤军。”

我们可以看出，如果上述文字说明艾登是诚实的，那么它也说明帕帕戈斯的说法并非事后虚构出来的。在塔托伊的会议上，与会者之间有误解。无论是否有误解，但有一件事是清楚的：过早从萨洛尼卡撤退使贝尔格莱德非常失望，因为萨洛尼卡是南斯拉夫唯一进入爱琴海的出海口。

保加利亚加入轴心国

1941年3月1日，保加利亚加入德意日三国同盟条约，德国第12集团军在陆军元帅李斯特（List）的指挥下从浮桥上渡过多瑙河。这件事促使雅典同意兑现在1月18日做出的承诺，即允许一支在开罗建立的英国远征军进入希腊。这支远征军的指挥官是亨利·梅特兰·威尔逊爵士。无论英国如何强烈要求，帕帕戈斯将军拒绝从色雷斯和马其顿东部撤退。到了3月4日，一切情况都表明，如果梅塔克萨斯防线上的3个师提早接到撤退命令，如今肯定已经在行动过程之中了。

从3月7日开始，英国远征军开始在希腊的比雷埃夫斯港（Piraeus）和沃洛斯港（Volos）登陆。英军动用了25艘船运兵，没有遇到麻烦，因为意大利空军在希腊多德卡尼斯群岛（Dodecanese）上的基地还没有形成战斗力。英

↓一支意大利的运输队正沿维尔巴尔比亚驶来，这是从利比亚到埃及的一条主要的沿海通道。

国远征军总共有575777人上了岸。大约100辆坦克也上了岸，组成了第1装甲旅。登陆部队包括有第6澳大利亚师[伊文·麦凯（Iven Mackay）少将]、第2新西兰师[伯纳德·弗赖伯格（Bernard Freyberg）少将，维多利亚十字勋章获得者，第一次世界大战中达达尼尔海峡战役和索姆河战役的英雄]。

3月底，梅特兰·威尔逊的部队已经到了阿利阿克蒙山和韦尔米翁山背后。另一方面，英国和希腊进行了多次谈判，按照艾登3月4日电报的说法，“双方讨价还价更像东方人在买菜”。最后，希腊最高指挥层同意交给英国远征军3个师（第12师、第29师、第19师）调遣。此外，在获得了安卡拉的保证之后，从土耳其边境抽回7个营，也交给英国远征军调遣。英国期望盟友能提供更多的兵力，但是，有一点值得注意，第7澳大利亚师[拉瓦拉克（J.D.Lavarack）少将]和第1波兰旅[科潘斯基（Kopanski）将军]，本来应该去希腊，却根本没有离开过中东。

↑一批刚应征入伍的意大利士兵在动身去意属索马里之前，正在那不勒斯的码头上欢呼。

↑春季融雪，希腊运输队碎步走在泥泞的道路上，他们主要用骡子进行运输。

←马塔潘角海战：一艘“博尔扎诺”级的巡洋舰正在遭受英国“剑鱼”式鱼雷轰炸机的攻击。这幅照片是第二架“剑鱼”飞机拍摄的，照片左下角有鱼雷溅起的水花。

联合作战计划

2月14日，在梅拉诺（Merano），德国大元帅雷德尔建议里卡尔迪海军上将更加积极主动。英国远征军向希腊运兵，这给意大利海军提供乐观在东地中海采取军事行动的机会。德军总部和意军总部都鼓励采取更加大胆的攻击行为。德国第10航空队在3月16日宣布用鱼雷击中了地中海舰队的3艘战列舰，并使它们失去了战斗力。但是，后来经证实是场误会。

在登陆战那天，德军计划派遣2支特遣编队横扫爱琴海和地中海，要抵达克利特岛南面31英里处的盖夫胡斯岛（Gavdhos）。这支特遣舰队的指挥官是海军少将安吉洛·亚基诺（Angelo Iachino），舰队包括“维托里奥·维内托”号战列舰、6艘重型和轻型巡洋舰、13艘驱逐舰。这次行动要求有足够的空中支援，不仅要有空中侦察，还要有能抵御英国轰炸机的炸弹和鱼雷。

意大利空军和德国空军第10航空队之间达成相互支持的协议，但没有来得及测试其运作程序。虽然在“维托里

奥·维内托”号战列舰上有德国和意大利联络官，但亚基诺海军上将仍然怀疑德意之间临时拼凑出的协作关系，特别是空中支援关系。

马塔潘角战役

3月27日下午，一架“桑德兰”侦察机发现了意大利编队，它正在爱奥尼亚海上航行。于是英国人处于警戒状态，根据接下来被破译的电报判断，盟国的护航商船队不会被这支意大利编队截获。不过，意大利海军取消了向克利特岛北面发动进攻的命令。那天晚上，坎宁安率领3艘战列舰、“可畏”号航母（航母上有37架飞机）偷偷溜出亚历山大港。他把盖夫胡斯岛的东南水域做汇合点，有4艘巡洋舰将会在普赖特汉－威普尔（H.D. Pridham－Wippel）海军中将的指挥下从比雷埃夫斯港赶来汇合。

第一次交火发生在8时整，圣索内蒂（Sansonetti）海军上将的3艘重型巡洋舰与普赖特汉－威普尔的轻型巡洋舰开始对射。英国战舰是6英寸的大炮，而意大利战舰则是8英

→马塔潘角海战中沉没的军舰：意大利重型巡洋舰“扎拉”号。

↑马塔潘角海战中沉没的军舰：从左至右，“奥丽埃尼”级的驱逐舰“乔苏”号和“卡尔杜齐”号。

寸大炮。尽管如此，英国战舰采取了迂回战术，这与皇家海军剽悍的传统作风不同，于是，亚基诺认为眼前的这几艘小战舰是敌人大型战舰的诱饵，敌人的大型战舰可能在远程看不见的地方守候着。亚基诺下令让圣索内蒂返航。圣索内蒂撤离，普赖特汉－威普尔追击，但遭到“维托里奥·维内托”号上15英寸大炮的轰击。意大利战舰发射了94发炮弹，但没有命中一发。中午，“可畏”号上的战机开始投掷鱼雷，但没有击中。亚基诺返回了基地。

到了15时30分，英国海军航空兵发动了第二轮攻击。用生命做代价，戴叶尔－斯梯德（J. Dalyell－Stead）上尉飞到离“维托里奥·维内托”号非常近的地方投掷鱼雷，给该舰造成严重破坏，灌入了4000吨海水，有2台发动机失去作用。在舰员们努力下，该舰再次恢复航行，航速一开始恢复到17节，后来恢复到19节。

此时，坎宁安随着主力舰队，已经在离开基地87英里远。“可畏”号上的飞机不断向他通报意军的动向。相反，亚基诺完全不了解坎宁安的行踪，力量薄弱的轴心国空军给亚基诺的帮助就更少了。他感到绝望，用无线电向

意大利海军总部汇报了自己的状况，他承认有一艘航母和一艘巡洋舰舰正在170英里远的地方追击他。

天色渐暗，亚基诺把他的第1巡洋舰中队和第3巡洋舰中队召集在受伤的旗舰旁边，防止英国飞机发动新攻击。这个决定延缓了“维托里奥·维内托”号的行动，使得英国战列舰有机会击沉之。为了防止英军的攻击，亚基诺采取了一些防御性措施，比如释放烟幕，这些措施有一定效果。但是，到了19时25分，“普拉”（Pola）号重型巡洋舰被鱼雷击中，亚基诺命令卡塔内奥（Cattaneo）海军上将坚持守候在“普拉”号上，争取将之拖回，如果不可能，就凿沉之。后来有人批评亚基诺的这个决定，但亚基诺是根据自己对英军位置的估计才做出决定的。无论估计是否正确，这艘运气不佳的巡洋舰出现在英国海军“埃阿斯”（Ajax）号的雷达屏幕上。普赖特汉－威普尔错以为是“维托里奥·维内托”号，并通知了坎宁安，坎宁安此时跟着“厌

↓英国地中海舰队的舰载空军优势刺激意大利开始追赶英国：建造“天鹰座”号航空母舰。意大利建造航母的最后决定是在马塔潘角海战之后做出的。“罗马”号客轮被用来改造。这艘新航母的四轴涡轮发动机来自尚未完工的轻型巡洋舰“科内利奥·西尔拉”号(Cornelio Silla)、“保罗·埃米利奥”号（Paolo Emilio），这样它能以30节的速度航行。它的甲板有600毫米厚，安装了两部飞机弹射器，最多能承载51架雷贾尼2001战斗机。到1943年意大利与盟国签署停火协议的时候，“天鹰”号航母才刚能进行海上试验。德军缴获了这艘航母，并在1945年将其凿沉。

←这是一张德国军队在东非战争中的珍贵照片。意大利军方认为德军和自己并肩作战是光彩的事，因此接受了德军的十字旗。

战”号、“勇敢”号、“巴勒姆”号靠近目标。大约22时整，“勇敢”号的雷达发现卡塔内奥的巡洋舰盲目地向黑暗驶去。大约30分钟后，英国战舰编队24门15英寸的大炮进行近距离平射。意大利“阜姆”（Fiume）号巡洋舰在23时15分沉没，“扎拉”（Zara）号巡洋舰缓慢下沉，被舰长下令凿沉。驱逐舰“阿尔菲里”（Alfieri）号、“卡尔杜齐”号也遭受相同命运。最后，一艘英国驱逐舰在救起“普拉”的幸存者后，将其炸沉。

在战斗结束后的那个晚上和第二天早晨，在马塔潘角西南112英里的海域里，英国人在几艘希腊驱逐舰的协助下救起了1000多名幸存者。德国空军来袭击，阻碍了英军的求援行动。但是，坎宁安展示出他宽厚的一面，他通知罗马在哪里能找到幸存者。医疗船“格拉迪斯卡”（Gradisca）号后来又救起160名幸存者。意大利在这次战斗中一共损失了2400人，包括卡塔内奥海军上将、“扎拉”号舰长、“阜姆”号舰长、乔治斯上校、科西舰长。英国损失了英雄的戴叶尔－斯梯德。

由于“维托里奥·维内托”号战列舰逃到了塔兰托，所以坎宁安海军上将不是非常高兴，但是，意大利海军在马塔潘角战役之中遭受重创，损失了3艘12000吨级的巡洋舰，这样的损失无法很快恢复。这就是墨索里尼在威尼斯宫会见亚基诺时所想到的：“如果这次战役有航空兵支援，本来是可以成功的。在整个战役期间，你的头顶没有一架意大利飞机或德国飞机。你看到的都是敌人的飞机。他们追你，攻击你，制服了你。你的船只就好像几个瞎子落入职业杀手的圈套似地。”

没有空中侦察机和战斗机，海军无法在英国人控制的水域作战。最后，墨索里尼做了总结，他的总结被亚基诺说成是集中体现了一名记者的总结能力：“由于战斗机作战距离有限，因此战舰必须自带护航飞机。换句话说，一支舰队必须有至少一艘航母作伴。”

至此，意大利首领又回到他30年代的观点，但时间似乎迟了点，因为意大利的战略已经遭受很大影响。为了迅速改善状况，决定把2艘大班轮“罗马”号、“奥古斯都”号改造成航母，改名为“天鹰座”号、“鹞鹰”号。在这2艘航母服役前，意大利舰队的活动范围不许超出战斗机作战范围。

在马塔潘角战役中，法乔尼（Faggioni）上尉率领手下的5名士兵进行一次大胆的行动，他们的行动值得人们记忆。在5月25日至26日夜晚，他们偷偷潜入埃及的苏扎湾（Suda bay），这个地方在克利特岛的西海岸。他们的船装满了炸药。他们成功地炸坏了“约克”号巡洋舰和“伯里克利”号邮轮。

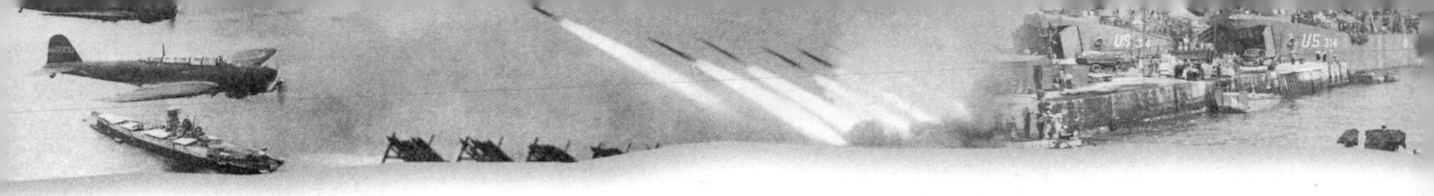

←图中这架Ju－88A－5（M2－MK）轰炸机在1941年11月26日负责攻击爱尔兰海的航运，因为迷航，该机降落在英国皇家空军的Chivenor基地。

→He－115是水上轰炸机，是第二次世界大战时期纳粹德国空军的一款具有3个座位的水上飞机。它可当作鱼雷轰炸机使用，也可以执行一般水上飞机的任务，例如侦察、布放水雷。

↓意大利的安萨尔多型坦克被用作喷火坦克向英国防线喷火。其装甲非常薄以至于普通的步兵子弹都能够将其击穿。

→沙漠远程巡逻兵们站在一辆特别为沙漠环境下作战而改装的卡车边上。沙漠远程巡逻兵是西部沙漠广阔空间中的航行大师，他们在窃取意军的情报中起了重要作用。

←墨索里尼(和他在一起的是德国外交部长里宾特洛甫)感觉自己就是命运之神,然而不久之后的事态发展则恰恰相反。

↓一支意大利的运输队正沿维尔巴尔比亚驶来，这是从利比亚到埃及的一条主要的沿海通道。

克利特岛战役的攻击焦点：马拉曼机场，攻防双方打得势均力敌，打到后来，防御者被迫退出战场。这幅照片显示了机场上被抛弃的德国Ju－52轰炸机残骸，战役结束时一共有80架。这个机场只有一条跑道，所以德军用一辆缴获来的英国坦克去清理这条跑道上的残骸。照片的左边能看到盟军的炸弹爆炸了。

第七章
袭击克利特岛

在希腊人撤离克利特岛之后，盟军应该继续待在岛上吗？英国有些人批评丘吉尔战争策略，他们经常说克利特岛早应该被放弃。不过，看看地图就能发现，克利特岛距离埃及的亚历山大港500英里，距离利比亚的托布鲁克港只有200英里。托布鲁克是英国在中东的基石，这个地方只能从海上获得供应。如果德国空军占领了克利特岛上的马拉曼（Maleme）机场、赫拉克里翁（Heraklion）机场，托布

鲁克肯定会被德国飞机扼杀。丘吉尔又不顾条件是否允许想在所有战场打仗的欲望。在这点上丘吉尔应该受批评。但是，丘吉尔对待克利特岛的策略不应该受到批评。

希特勒也有类似的看法。他的目标，不仅是防御性的，还是进攻性的。几周之后，“巴巴罗萨”行动就要启动，希特勒将会有一段时间得不到苏联产的石油。如果此时皇家空军又摧毁了普洛耶什蒂油田，那该如何是好？这就是为什么他在1941年4月25日发布第28号命令的原因，他命令驻守在希腊的3个集团军准备开始“墨丘利”行动，这个行动就是要保证克利特岛属于德国。

勃劳希奇、戈林、雷德尔三人开始大干起来。在像希腊这样资源短缺的国家展开如此大的军事行动，为其制订作战计划并非是件容易的事，比如，很难找到修建临时机场的地点。

←1941年3月26日的早晨，一艘意大利摩托艇装载着炸药，袭击了英国“约克”号巡洋舰，这艘巡洋舰受到严重破坏，只能被拖上岸。后来，这艘巡洋舰又遭受到炸弹袭击，拯救工作被迫放弃。

德国的战役准备

作战计划由库特·斯图登特（Kurt Student）将军负责，他是德国第11航空队的司令官，旗下有第7伞兵师，负责地面支援的是来自第5山地师和第6山地师的3个步兵团。空中支援由德国第7航空队提供，司令官是沃尔夫拉姆·冯·里希德霍芬（Wolfram von Richthofen）将军，他手下有18个战斗侦察小队，总共有228架轰炸机、205架俯冲轰炸机、119架单引擎战斗机、114架双引擎战斗机、50架侦察机。

↑德国伞兵群从天而降。

第一波伞兵由493架三引擎的Ju－52战机和72架滑翔机运载，而为伞兵提供支援的山地部队则由63艘摩托艇、7艘小汽船运载，这些小汽船是被舒斯特（Schuster）海军少将征募的。为这支小舰队担任护航的是意大利海军的2艘驱逐舰和12艘鱼雷艇，指挥官是佩科瑞－吉拉尔迪（Perccori－Giraldi）上校。

克利特岛的防御

在克利特岛上，防御部队名义上有 42500人，其中10300人是希腊人，防御部队的核心是澳新部队，其中有6540澳大利亚人、7700新西兰人，他们是从希腊逃跑过来的，在阿提卡和伯罗奔尼撒半岛的海滩上丢失了大量物资和装备。所以，他们几乎没有汽车、大炮、步

兵装备、弹药、挖战壕工具、铁丝网、毛毯、饭盒，这种短缺状况可能会持续一段时间。他们只有68门重炮和防空炮，这样的炮火显然不足以守护克利特岛从东到西的162英里长的前线。截止到1941年5月1日，皇家空军有35架可参战的飞机；但是，19日，在德国空军进行了长时间的轰炸之后，英军只剩下4架“飓风”和3架“角斗士”能飞到埃及去。机场被遗弃，上面堆满了障碍物，但并非不能使用，为的是在不远的将来能回来再次使用。

4月30日，韦维尔委托弗赖伯格（Freyberg）将军掌控克利特岛薄弱的防御。弗赖伯格是位杰出的指挥官，在第一次世界大战中勇敢作战，身负27处伤。可是，他已经是6个月内被任命的第7位指挥官了。他只有3周的时间熟悉岛上的情况。

↓德国兵利用战斗间隙抽根烟，喝口水。

南斯拉夫战败

在南斯拉夫国王彼得获得王位、西蒙斯（Simons）将军获得政权之后，希特勒于1940年3月27日宣布，南斯拉夫必须被视为敌人："南斯拉夫的军事叛变改变了巴尔干的政治平衡。南斯拉夫，即使宣布效忠德国，也要被视为敌人，必须尽快把它打败。"接着他又宣布了行动计划。抽调2个集团军群，一个来自阜姆－格拉茨（Fiume－Graz）前线，另一个来自索菲亚（Sofia）地区，这两支军队将会在贝尔格莱德汇合，消灭南斯拉夫军队。第3个集团军群将会对塞尔维亚统治下的马其顿发动进攻，保证意德有一个进攻希腊的基地。

德军必须从"巴巴罗萨"行动抽调兵力，才能让陆军元帅李斯特实施"玛莉塔"行动去对付南斯拉夫。为此德国还需要意大利和匈牙利的帮助。德国打败南斯拉夫只花费了12天的工夫。虽然南斯拉夫进行了顽强抵抗，但最终因实力不足而战败。1941年4月24日，南斯拉夫签署投降协定。然而，南斯拉夫人的反抗精神并没有因此而中断。

英军实施了"老虎"行动，不仅把238辆坦克运过地中海，还给英国海军部一个机会派遣"伊丽莎白女王"战列舰、"斐济"号巡洋舰、"那伊阿得"号巡洋舰去增援亚历山大港的英国海军编队。伦敦当局认为这样的海军力量就有更好的条件去抵御从大陆上入侵的轴心国军队。然而，坎宁安只有"可畏"号一艘航母，航母上只有少量"管鼻鸌"（Fulmar）战斗机。这种战斗机的性能不佳，即使数量再多，也无法与优秀的德国梅塞施密特式战斗机匹敌。

↑新西兰的招兵广告。弗赖伯格的新西兰士兵，仗打得非常漂亮——但是，他们只靠勇气不足以打败德军。

↑机组乘员能在He－111飞机内相互通视。尽管这增加了危险，但德国设计师认为是一种好的士气特色。He－111能提供额外的装甲和防卫武器，这些都与道尼尔Do 17型飞机不同。

↓使用其H－11型机的方式，给这架He－111飞机加装了额外的护甲，该护甲在紧急情况下可以抛投掉，以满足该机特殊的飞行速度要求。该机型还采用了一个带附件的特殊的下机身板，这可以让该机携带5枚550磅（250千克）的炸弹，此外，在玻璃机头上还安装了1挺前向射击的MG 131机枪。

德国伞兵降落

5月20日，德军开始进攻，第7航空师在马拉曼、雷西姆农、赫拉克里翁降落。防守者已经等待了48小时了，双方立刻展开激战。在马拉曼，迈因德尔（Meindl）将军勇敢战斗，身负重伤，不得不把指挥权交给拉姆克（Ramcke）上校；在雷西姆农，伞兵降落时已经没有了指挥官，因为指挥官萨斯曼（Sussman）将军乘坐的滑翔机坠毁埃伊那岛（Aegina）。

战斗本来应该对弗赖伯格将军有利，但是，他没有能及时派一个旅去马拉曼增援抵抗拉姆克的战斗，此外英国地中海舰队也没有能彻底消灭林格尔（Ringel）中将率领的山地部队。虽然英国皇家海军给德军造成了一些伤害，但败给了德军。虽然有“厌战”号战列舰和“可畏”号航母的保护，但是，在德军的斯图卡式俯冲轰炸机的密集轰炸下，“格洛斯特”号巡洋舰、“斐济”号巡洋舰、4艘驱逐舰遭受严重损害，不得不送到美国进行修理。

坎宁安海军上将不顾伦敦的反对，不得不放弃在克利特岛北部进行作战，因为他的损失实在太严重了。5月25日，在德国空军令人羡慕的支援下，第5山地师成功突破第2新西兰师在马拉曼的阵地，继而向克利特岛的首府干尼亚（Canea）发动进攻。由于德军的突破，弗赖伯格将军只好开始撤离克利特岛，并向地中海舰队求救。他得到了救助。

撤离克利特岛

虽然风险很大，代价很高，但是，地中海战区司令官

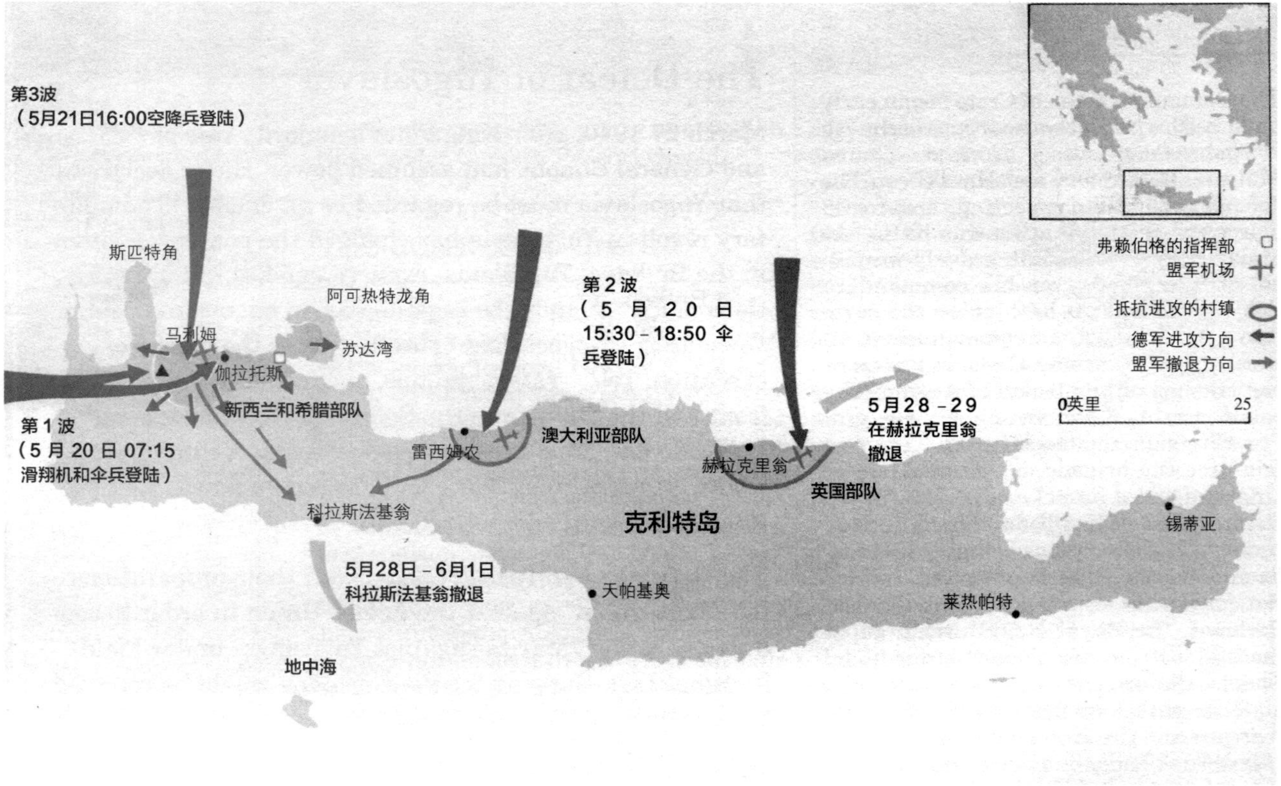

↑ 德军征服了克利特岛。德国伞兵虽说遭受了重大损失，但实战证明他们能打败盟军的正规部队。

坎宁安立刻采取了行动。

“我们不能让陆军失望，”坎宁安向前去营救的战舰说。当他的一位参谋官似乎对此感到悲观的时候，他用一句大实话加以反驳：“英国海军花3年就能造一艘船，可是要花300年才能形成自己的传统。”

英军在5月28日至29日夜开始撤离克利特岛，地点在岛南岸一个叫斯法基亚（Sphakia）的小港口，撤离工作一直持续到6月2日黎明时分。英军撤离过程中损失了“加尔各答”号防空巡洋舰、“赫里沃德”（Hereward）号驱逐舰、“帝国”号驱逐舰。但是，“猎户星座”巡洋舰的甲板上伤亡最惨重，这艘战舰是普赖特汉－威普尔海军中将的旗舰。一枚德国炸弹炸死了260人，炸伤了280人。

↓照片中，德国士兵正在质问一名克利特岛村长。克利特岛战役失败后，英军利用这张照片进行宣传，宣传词说：“他们残暴地逼迫他提供情报。你也可能会有此遭遇……”

←↓集拢战俘。在克利特岛战役，大英帝国（英军和殖民地军）被俘人数是11835人。

克利特岛战役，大英帝国军队有32000人参战，其中1800人被杀，11835人被俘。皇家海军有1828人被杀，183人负伤。总共有18000人撤退到了埃及。不过，斯图登特将军的第11航空队的损失也不轻。丘吉尔在他的第二次世界大战回忆录中说德军损失了15000人。他的这个数字似乎太高了。根据第二次世界大战后的统计，德军有 3714人被杀，有2494人负伤或失踪。在持续8天的克利特岛战役中，德军遭受的损失，特别是有经验的空降兵的损失，要远大于持续3周的巴尔干战役。

德军取得克利特岛战役胜利之后，斯图登特将军建议借势攻占塞浦路斯。不知道是不是由于德军在克利特岛战役中损失惨重的原因，希特勒拒绝了这项建议。这个问题我们至今无法回答。1942年6月末，隆美尔企图说服轴心国军队去攻占尼罗河、苏伊士运河，但是，希特勒就因为想到了克利特岛的大流血，才放弃了“大力士”行动计划（从空中占领马耳他）。但是，无论怎样看，英军在利比亚、马其顿、爱琴海都遭受到了严重损失，大大超过上年冬天与意大利作战时的损失。这是不是因为英国战时内阁（拙劣地）错估了形势？这是坎宁安勋爵在他的《一个水手的冒险史》提出的个人看法，我们很难判断他这个看法的对错，因为他毕竟是个最伟大的指挥官。但是，战争中，我们有可能居于劣势，不能想做什么就做什么，有时只能在不利中选择较有利的。丘吉尔的选择不能简单地用对或错来评价。英国在连续进行了15年的削减军备之后，已经处于极度虚弱的地步。